乡土课程项目式学习的
实践研究

主编　郭冬红

沈阳出版发行集团

沈 阳 出 版 社

图书在版编目（CIP）数据

乡土课程项目式学习的实践研究 / 郭冬红主编 . -- 沈阳 : 沈阳出版社 , 2022.7
ISBN 978-7-5441-7947-8

Ⅰ . ①乡… Ⅱ . ①郭… Ⅲ . ①乡土教育 - 教学研究 - 中学 Ⅳ . ① G633.592

中国版本图书馆 CIP 数据核字 (2022) 第 126721 号

出版发行：沈阳出版发行集团 ｜ 沈阳出版社
（地址：沈阳市沈河区南翰林路 10 号　邮编：110011）
网　　　址：http://www.sycbs.com
印　　　刷：廊坊市金虹宇印务有限公司
幅面尺寸：185mm×260mm
印　　　张：9.25
字　　　数：200 千字
出版时间：2022 年 7 月第 1 版
印刷时间：2022 年 7 月第 1 次印刷
责任编辑：周　　阳
封面设计：优盛文化
版式设计：优盛文化
责任校对：李　赫
责任监印：杨　旭

书　　　号：ISBN 978-7-5441-7947-8
定　　　价：58.00 元

联系电话：024-24112447
E - m a i l：sy24112447@163.com

前 言
FOREWORD

　　与乡土文化融会贯通，这是中小学课程与教学值得倡导的改革方向之一，也是尊重教育规律、回归教育本源的重要举措。唯有扎根本土、融通生活，才有底气和定力去仰望课程改革的"星空"。

　　房山是一个人文资源"宝藏"，历史悠久、积淀丰厚——70万年的人类史、5000年的文明史、3000多年的建城史，绵延不断形成了以"人之源"（周口店猿人遗址）、"城之源"（北京最早的城市遗址西周燕都遗址）、"都之源"（金朝遗址）为核心的北京"源文化"金名片。不仅如此，房山区还有堂上村《没有共产党就没有新中国》红歌纪念馆、黄山店村"红色背篓精神"传承教育基地等众多重要的红色资源。同时，房山作为"生态涵养发展区"，是首都重要的生态屏障和水源保护地。如此丰厚的乡土教育资源，在课程教学中如何有效利用，才能够系统、持续地培养学生认同本土文化，传承中华优秀传统文化，深化课程教学改革？早在20年前，房山教育人就已经开始思考这一命题。基于国家基础教育改革的目标与要求，在继承乡土课程研究历史传统的基础上，房山以区域学生发展为着力点，从学生的学习现状和生活环境出发，依托现有乡土资源，探索乡土课程独特的育人价值。

　　不同的时代背景，不同的改革要求，房山区乡土课程从依托乡土志、乡土教材到以乡土课程为主的地方课程，从"认知乡土"到"行走乡土"，与时俱进，迭代升级，最终形成了一套完整的乡土课程体系。旨在以培育乡土情怀为重要指向，以发展家国情怀为课程育人目标，以传承及发展优秀乡土文化为社会功能目标，以乡土资源为课程主要内容，以真实的生产、生活、生态为课程实施的重要时空。

　　多年的乡土课程实践，也让我们一直有个困惑。我们在课程改革中一直倡导以学生为主体，以自主、合作、探究式的教学方式，培养学生发展核心素养，但乡土课程这种传统的授课方式或者打卡式的学习，能实现乡土课程预期的课程目标吗？是否还有更好的学习方式有利于课程目标的达成？ 2017年高中新课程方案和各学科课程标准、2022年义务教育新课程方案和各学科课程标准中倡导的单元式、项目式、主题式等教学方式给我们打开了一扇窗，于是 2019 年借助北京市"十三五"教育课程规划课题《房山区中小学乡土课程的开发与实践研究》，对项目式学习进行了大量的理论学习，也开始进行乡土课程项目式学习的探索。

项目式学习是指学生在一段时间内对与学科或跨学科有关的驱动性问题进行深入持续的探索，在调动所有知识、能力、品质等创造性地解决新问题，形成公开成果中，形成对核心知识和学习历程的深刻理解，能够在新情境中进行迁移（夏雪梅项目化学习设计）。当今全球的教育趋势越来越推崇主题式、项目式的课程，认为其包含着更多适应未来社会的需要，能让学生更加积极地学习，有利于高阶思维的形成。而乡土资源都是一些鲜活的、真实的、与各学科有着千丝万缕联系的，有利于自身学习的情境，具有先天的开展项目式学习的优势，更加适合开展项目式学习。

经过近三年的实践探索，我们逐渐有了自己对项目式学习的理解，建立了乡土课程项目式学习的基本框架（包括学科内和跨学科），形成了一些典型的乡土课程项目式学习的精品案例，也产生了一定的影响力。

本书共包括三部分。第一部分是"乡土课程项目式学习的认知"，内容主要涉及对乡土课程与项目式学习的理解、乡土课程与项目式学习的关系、开展乡土课程项目式学习的意义和价值。第二部分是"基于乡土课程资源的学科项目式学习"，内容主要涉及学科项目式学习的理解、学科项目式学习的设计以及一些精品案例分析。第三部分是"乡土课程实施中的跨学科项目式学习"，内容主要涉及跨学科项目式学习的理解、跨学科项目式学习的设计以及一些精品案例分析。

乡土课程项目式学习的实践与探索刚刚起步，虽然取得了一些有影响力的研究成果，但仍然有很多深层次的问题尚未得到充分解决。研无止境，我们还将继续努力，走在项目式学习的探索之路上。

编者

2022 年 7 月

目　录
CONTENTS

PART 1

第一章　乡土课程项目式学习的认知

第一节　乡土课程的界定

与乡土课程相关的概念有"乡土""乡土教育""乡土教材"等，为更好地了解乡土课程，开发与实施乡土课程，很有必要厘清这些相关概念。

一、乡土

"乡土"在《汉典》中有两层含义，一个是"家乡、故土"；另一个是"地方、区域"。《现代汉语词典》中对"乡土"的解释为本乡、本土，是指原来的生长地，是人们生活、生长的地方。乡土不只是指"一定的区域"，更是人"安身立命"之所。乡土有着极为丰富的内涵：第一，乡土结构应该有三个基本构成要素，即乡土区域、区域中的人、区域环境和人的关系。第二，乡土是"风土人情、风俗习惯"，是文化的载体。乡土是附着在这片土地上的人事、自然和社会，是人和自然、人和社会、人和人的关系中衍生的文化。第三，乡土是"家国同构"的基础。在中国传统文化中，家和国是一个价值共同体，家是缩小的国，国是扩大的家，这一思想有着深厚的文化根基。第四，乡土是"精神家园"的归属，乡土不仅是实体的家乡和故乡，还是人们精神家园的归属，正所谓"此心安处是吾乡"。

二、乡土教育

（一）乡土教育的含义

乡土教育是对乡土民俗及生活的教育，是把乡土的社会景观、人文背景和历史文化作为教学资料进行教学的，让学生体会乡土文化，产生乡土归属感与责任感，从而服务家乡，为家乡的发展作贡献。具体来说，乡土教育是以学生生活中的一切事物为载体，以生活化、社会化及本土化为指向，是一种综合性的教育。乡土教育是整合自然、社会及人文不同学科的教育，是科技整合性的教育；乡土教育还是情意教学的最佳方式，依托乡土人文精神，了解人与环境之间相互影响与相互促进的矛盾关系，以培养热爱乡土为宗旨。

（二）乡土教育的价值与意义

以往的乡土教育价值目标主要有两个：一是通过乡土知识充实和丰富教学内

容；二是通过乡土情感实现爱国、爱乡的教育目的。但是，随着社会变迁和转型发展，乡土教育所承载的文化价值和人生意义日益突显，乡土教育的价值体系需要重构。在新的社会境遇下，乡土教育的价值和意义主要体现在以下几个方面。

（1）乡土教育在涵养民族精神上具有重要作用。一方面，乡土教育从清末到民国、从中华人民共和国成立到进入新世纪，始终贯穿着爱国爱乡、家国同构的主题，利用乡土资源对学生进行爱国主义教育是乡土教育的思想传统。另一方面，乡土教育作为涵养民族精神的重要载体，其突出特点是特色鲜明、丰富多彩、贴近生活，感同身受，容易产生共鸣，能够成为激励人民奋进和社会进步的精神力量。

（2）乡土教育突出人生引领和人文关怀。在现代化、城市化、工业化的背景下，现代性乡愁在广泛弥漫，人们试图在乡土寻根中得到心灵的慰藉，在乡土文化中寻找精神的居所，在返璞归真中发现生命的意义，在传统和现代的融合中重建精神的家园。因此，乡土教育必须直面人生，为消解现代性乡愁发挥应有的作用，引领人生方向，体现人文关怀。

（3）乡土教育能够传承和重构乡土文化。乡土教育不是固守传统文化，也不是让人们沉浸在对已逝乡土社会的回忆中，而是让人们在脱离乡土社会后重建乡土价值，在现代社会中重塑乡土精神。我们今天的乡土教育是建立在"现代生活"的新乡土之上的，乡土基础发生了变化，乡土教育必须适应这一变化，重构乡土价值，传承乡土优秀人文精神。

三、乡土课程

（一）乡土课程的含义

乡土课程是以乡土资源为内容、以综合性活动为形式的课程。乡土课程以增强乡土情怀为价值取向，以培育家国情怀为课程育人目标，以传承及发展优秀乡土文化为社会功能目标，以乡土资源为课程主要内容，以真实的生产、生活、生态为课程实施的重要时空。在性质上既可以是地方课程，如《房山文化》《房山地理》《房山，我为你骄傲》等，也可以是校本课程，如《发展中的良乡》《阎村文化》等。乡土课程与乡土教材既有区别，也有联系。乡土教材并不等于乡土课程，乡土教材只是乡土课程中的一种形态，乡土综合性社会实践活动也是乡土课程的基本形态。乡土教材的突出特征在于它以教材的形式呈现出来，而乡土综合性实践活动作为乡土课程并不要求以教材的形式呈现，往往只需要通过活动设计来呈现。因此，不能把两者相等同、相混淆。

（二）乡土课程的主要特征

（1）为了乡土。一是为了乡土的人，即促进学生认识家乡、了解家乡、激发乡情，增强学生建设家乡的本领和责任感。二是为了乡土的事，即对本土文化的传承与发展。比如，房山的"中幡""汉白玉雕刻""京绣"等，这些古老的民间艺术，以课程的形式走进了课堂，中小学生不仅学到了一些基本的常识和技能，还传承了本土文化。

（2）基于乡土。课程资源主要来源于本土。一是自然教育资源，比如地质地貌、气候、水系、物种等；二是社会文化教育资源，比如乡风民俗、历史遗迹、文化名人、古今教育等；三是社会经济教育资源，比如高端制造、生态农业、基金小镇等；四是人才资源状况，比如本地文化专家、科技人才、民间艺人等，这些都是乡土课程的重要资源。

（3）在乡土中。乡土课程在乡土"学习情境"中实施，乡土学习情境主要包括，一是学生已有的生活经验，用当下的知识激活他们的思维；二是创设或模拟生产生活场景，把学生带入情境之中；三是把学生带入真实的生产生活情境之中去探究和体验，用所学知识解决真实的问题。

（4）超越乡土。虽然乡土课程强调为了乡土、基于乡土和在乡土中，但又不止于乡土，而是在乡土的基础上，引导学生胸怀祖国、放眼世界，走向更大意义上的乡土，用国家观念、世界眼光看待乡土，培养学生的爱国主义思想和国际主义精神。

（三）乡土课程的类型

乡土课程依据不同的划分标准，可以有不同的课程类型。

（1）按照功能分类，可以将乡土课程分为"社会发展促进类"和"学生成长促进类"。从"社会发展促进类"来看，具体包括乡土文化传承与保护类、新文化引领类、新生产类。从"学生成长促进类"来看，具体包括乡土知识学习促进类、学习方式与思维发展促进类、文明习惯与生活方式养成类等。

（2）按照形态分类，可以将乡土课程分为"教科书类"和"活动设计类"。"教科书类"是指地方教育行政部门根据教育需要和地方资源优势，组织力量编写地方课程教科书，并提交市级课程教材部门审核，这类课程目标明确，结构编排逻辑性强，内容的科学性有较好保障。"活动设计类"课程没有教科书，主要依托场馆或真实的生产生活场景，对活动进行精心策划和设计，包括课程背景、课程目标、课程内容、课程实施、课程评价等，主题鲜明，内容集中，形式多样，这类课程对学生体验乡土、了解乡土、认识乡土有着特殊的功能。

（3）按照涉及的知识范围分类，可以将乡土课程划分为"学科乡土课程"和"跨学科乡土课程"。"学科乡土课程"是指涉及的概念、内容、方法等是某学科的，课程的开发者和实施主体一般由学科教师担任，比如乡土地理、乡土历史、乡土生物等。"跨学科乡土课程"是指所涉及的概念和方法是跨学科的。比如，《房山文化》课程，涵盖政治、历史、地理、语文、艺术等多个学科，涉及政治、经济、文化、历史、地理、文学艺术、宗教、建筑等多个领域，不仅跨越和囊括多个学科，还具有较强的综合性。

（4）按照学习方式和学习主体分类，可以将乡土课程划分为"知识学习类"和"实践体验类"。比如，《房山区高中地理综合实践活动》就属于实践体验类乡土课程。而《房山文化》（高中全一册）同时具备"知识学习类"和"实践体验类"的基本特征。

第二节　项目式学习的理解

项目式学习自引入国内以来越来越多地受到国内教育研究者和教育工作者的关注。从政策层面而言，2019 年颁布的《关于深化教育教学改革全面提高义务教育质量的意见》明确提出，积极探索与开展项目化、合作式学习；《国务院办公厅关于新时代推进普通高中育人方式改革的指导意见》提出，在课堂教学中积极探索创新模式，如围绕情境展开、以问题为导向的教学活动，注重通过"项目设计"展开的综合性教学。两份文件都肯定了项目式学习是提高教育质量、改革育人方式的重要途径。2017 年和 2022 年依次颁布的高中课程方案和各学科课程标准、义务教育课程方案和各学科课程标准都强调了项目式学习、主题式学习等。国内外的政策和实践都反映出项目式学习已成为全球教育领域的一个热点话题。无论从理论还是实践层面，项目式学习（Project-based Learning）有助于克服传统教学以成绩为导向、强调机械记忆与训练的弊端，因应当代社会对培养乐于实践、勇于创新、能够自主学习的时代新人的需求，对推动教学模式改革具有重大意义。

一、项目式学习的理论基础

（一）建构主义理论

建构主义学习理论，最初由瑞士心理学家皮亚杰提出，该理论强调学生的主动性，认为知识不是通过教师授课，而是依托主体的社会文化背景，通过自身的资源来学习并向其他人寻求帮助，最终完成主体性的意义建构而获得。因此学习不是简单的知识输入，而是以原有知识为生长点经过与同伴的合作或在教师的帮助下学习新知识，实现知识的增长和自我构建，它立足学生个体本身，学生是学习的主体而非教师。在建构主义理论的视角下，教师身份发生了变化，他们需要在学生知识的建构中成为促进者、合作者和引导者。教师在教学过程中要关注不同学生的知识、经验和资源，建立一个特定的富有意义的生活化学习情境，激发学生主体性的探索欲望，为引导学生探索和构建知识的实践提供帮助。这与项目式学习的初衷不谋而合，都强调学生在学习中的主体性，关注学生自我建构知识的过程，关注情境的创造。

（二）发现学习理论

发现学习理论的创立者是美国心理学家布鲁纳，其与接受学习相对，认为教学的过程就是教师引导学生发现问题和解决问题的过程。布鲁纳还设计了发现学习的四个程序：提出问题、创设问题情景、提出假设、检验假设得出结论，这也是化学实验探究的基本过程，同时与项目式学习的流程也非常相似。让学生提前了解教材中即将学习的内容，提出困惑以及想要学习的知识，教师根据学生已有的知识基础和生活经验创设贴近生活的教学情境，激发学生的探索欲望，学生根据已有经验对问题进行假设性解答并设计试验方案进行验证。发现学习理论强调发现知识的过程，注重对知识的探索，相对于传统的讲授式教学，更能激发学生探索能力和创造力。

（三）实用主义教育理论

十九世纪末二十世纪初，美国著名教育家、心理学家约翰·杜威，提出了实用主义教育理论，与以"课堂、教师、教材"为重心的传统教学理念不同，杜威着重强调了新三中心理论：以"经验、儿童、活动"为重心。杜威认为教育就是在儿童生活的过程传递经验，儿童在生活中成长，从生活中学习。因此我们的教学也不能脱离生活，应该在立足教材的同时联系生活，利用生活中的素材为学生创设情境，充分体现化学来源于生活但又高于生活最后应用于生活的特点。以儿童为中心，学习的主体应该是学生，教学过程不能忽视学生的本能和需求。利用学生对未知事物的本能探索来展开知识的获取过程，有需求才有动力，而不是教师满堂灌地讲授"我认为学生应该掌握的知识"，让学生主动探索"我想知道的知识"，提高学生学习内驱力，这样的课堂也会更有生机充满活力。以活动为中心，杜威实用主义教育理论的经典命题就是"从做中学"，人们最初的知识和最牢固地保持的知识，是关于怎样做的知识。重视实践活动，让学生有动手的机会。

二、项目式学习的内涵与特征

（一）项目式学习的内涵

"项目"一词范畴广泛，在《辞海》中意为：一个小组为完成一个具有具体目的的任务而设计一系列行动步骤，呈现可交付的成果意为结束。将"项目"一词引入教育，最早是美国教育家威廉·赫德·克伯屈，他在哥伦比亚大学《师范学院学报》发表《项目教学法》一文中提到"从学生的兴趣和需要出发，制定实现目标的工作计划，在通常状态下选择适当的材料，从真实的生活情况中提出学习的目的，最后完成工作"。"项目式学习"即 Project-based Learning（PBL），在国内也被称为项目式教学、项目化学习、项目教学等。然而，目前学术界对什么是项目式学习以及项目式学习的意义并没有共识性的定义。

表1-1　项目式学习定义

研究者	项目式学习定义
克伯屈	1981年首次提出"项目式学习"概念
Harris 和 Katz	基于项目的学习是学习者对有意义主题的独立深入研究。在此过程中，教师应激发学习者责任感，同时交回自主权，以保持学习兴趣
巴克教育研究所	一种以课程标准为核心的、通过探究真实情境中复杂问题的系统性教学方法
黎加厚教授	项目式学习以学科核心概念与原理作为重点，学习者在参与项目的一系列活动中逐步解决问题，以促进学习者完成知识的有意义建构并与实践相结合
刘延申教授	项目式学习是学生在完成项目过程中，将理论与实际相结合，综合训练联系实际能力，从而提高学生综合应用能力。在项目评价的成果交流阶段，学习者展示作品并开展有深度的交流，训练学习者的表达能力

基于国内外研究中对于项目式学习的研究与定义，本研究认为项目式学习是以建构主义理论为基础，学习者组建项目小组，基于真实环境中的问题开展项目实施以解决问题，从而获得知识与技能、合作交流能力、独立探究能力和问题解决能力等。

（二）不同视角下项目式学习的理解

1. 学习视角下的项目式学习

学习视角下的项目式学习，学者们关注学生的学习活动，认为项目式学习的中心和主体是学生，因而这一视角下的项目式学习内涵主要从学生的角度出发。

（1）将项目式学习看作学习模式。托马斯（Thomas）将项目式学习看作围绕某一个项目活动而组织的学习模式，他认为项目式学习应该满足以下标准：知识内容向心性、问题驱动性、学习自主性、情境真实性、学习的问题性、学习的建设性。刘景福和钟志贤认为项目式学习是在真实世界中展开，以学科的概念为中心的学习模式，学习目标是将学习活动中制作而成的产品推销给客户，学生借助外界资源展开探究，并解决问题。综上可知，作为学习模式的项目式学习具有一些共性：项目的内容应是学科核心概念或原理；项目应在真实情境中展开；项目活动是有挑战性和建设性的；学习的过程同时也是问题解决的探究过程。在此基础上，刘景福丰富了项目式学习的内涵：项目式学习包含"作品制作"这一环节，且该作品在真实世界具有实际效用而不仅仅是展示作用。

（2）将项目式学习看作学习方式。项目式学习作为一种学习方式，它往往围绕一个中心主题展开，强调学习者在学习中的探究过程，强调运用已有知识解决问题，在这个过程中又整合建构新的知识。胡舟涛将项目式学习看作一种学习方式，学生在具体的项目中，借助外部的学习资源和工具进行探索、实践，在这一过程中内化知识、获取技能。李玉霞认为，在项目式学习这种学习方式中，学生通过搜集资料，确定项目主题和一系列分解问题，解决教师基于课程标准和学生的经验背景而设计的驱动性问题，开展探究学习活动，设计、制作并展示成果。可见，作为学习方式的项目式学习，它强调学生对资源的利用、探索的实践性。随着项目式学习在学校教育的应用推广，它的内涵逐渐与课程标准相结合：项目式学习的情境和驱动问题具有以下特点——基于课程标准的要求和学生的知识与经验设计。

2. 教学视角下的项目式学习

这一视角下的项目式学习的内涵不仅仅聚焦于学生的学习活动，还关注到教师对项目式学习的设计，如项目主题、驱动性问题、项目任务等；教师在项目式学习中的实施与评价行为。

（1）将项目式学习看作教学模式。美国学者马克汉姆（Markham）认为项目式学习是一种教师设计基于现实情境的项目主题与项目任务，学生在其中积极主动地开展探究学习活动、解决一系列问题并在学习过程中构建知识体系、训练技能的教学模式。从马克汉姆对项目式学习的定义中可以看出，他尤其关注教师在项目式学习活动中的重要性。

（2）将项目式学习看作教学方式。胡红杏在 2017 年提出，项目式学习是基于课程标准的教学方式，学生通过团队合作的形式探究真实世界的问题，在这个过程中建构学习知识的能力。卢小花也强调了项目式学习以学生为中心、关注学科核心概念和现实情境的特征，在这一教学模式下，学生通过自主学习、制作系列作品来建构知识体系、培养综合能力。

（3）将项目式学习看作教学方法。梅根多勒（Megan）将项目式学习视为一种通过干预来拓展学生能力的探究过程，让学生在复杂的真实问题中完成任务，制作作品，学习重要的知识与 21 世纪技能的系统的教学方法。美国巴克教育研究所则将其定义为学生借助技术手段以及可用资源，通过团队合作的形式进行探索，最终化解真实问题、达成项目任务、发布项目成果的教学方法。

（4）将项目式学习看作教学策略。李雁冰在 2014 年与加拿大英属哥伦比亚大学 Nashon 教授进行探讨时指出项目式学习是一种问题解决取向的教学策略。综上，教学视角下的项目式学习内涵，关注项目式学习活动的两方主体——学生与教师，强调学生主体地位的同时，关注教师在项目实施中的角色。其具体内涵从最初强调情境真实性、活动探究性外，逐渐与学科教学的要求相融合。

3. 课程视角下的项目式学习

夏惠贤将项目式学习看作课程活动。在这种课程活动中，教师引导学生对真实世界的问题进行深入探究，学生经历质疑、思考等过程，最终制造出某种产品。王海澜将项目式学习视为一种课程模式，它冲破了学科教学的壁垒，而以能涵盖各学科知识的项目来整合课程。尽管学者理解项目式学习的视角不同，且对项目式学习的具体阐述也不尽相同，但大都包含共同的要素：①学习起点：围绕驱动性问题；②学习指向：构建知识与提高能力；③学习基础：基于真实情境；④学习过程：经历合作与探究；⑤学习结果：呈现作品与成果。

（三）项目式学习的构成要素

在梳理前人研究的基础上，对项目式学习的构成要素进行了归纳。项目式学习由真实情境、驱动性问题、探究活动、作品制作、交流评价五要素构成。

真实情境是指基于项目主题而创设的，贴近真实世界处理方式的，能够使学生产生情感反应并支持学生进行探究活动的环境。真实情境并不仅仅局限于物质的真实环境，也可以是借助语言描述、体验活动所感受到的情境。

驱动性问题是指围绕项目主题设计的、指向教学目标的、能够引发学生自主探究并在探究过程中构建大概念训练核心技能的开放性问题。

探究活动主要指为了解决驱动性问题而计划、实施的具有挑战性的学习活动，探究活动既是学生解决问题的过程，也是其构建知识、训练能力的过程。

作品制作是项目式学习的关键要素，学生在学习过程中获得的知识技能最终要在作品中表现出来。

交流评价是指学生在完成探究活动后，呈现作品，交流子项目完成的经验和体会，学生、教师乃至专家并对整个学习过程、学习效果进行评价的活动。

（四）项目式学习的特征

1. 主题依托真实情境

主题依托真实情境，这是项目式学习的首要特征。不同于常规课堂中简单的导入，它要求项目能体现真实世界的处理过程，使项目问题与学生的生活经验产生联系，促使学生在学习过程中深入分析与探究，体验真实世界中劣构问题的处理方式。

2. 以大概念与核心能力的培养为目的

项目式学习指向概念的深层理解、迁移以及关键能力的培养。概念性知识不局限于事实层面，而是指向思维，它可以促进事实性知识的整合并形成系统性的知识框架。核心能力既包括课程标准要求的重要技能，也包括完成项目所需要的特定能力，即项目所指向的真实情境中专业人员所具备的能力，它使学生进行学科与学科、学科与生活的联系与拓展。

3. 学习活动围绕问题展开

问题是用来组织和激发学习活动的，在项目式学习中，学生围绕驱动性问题，分解任务，小组团队在各自队伍中围绕子问题进行探究，这个过程也是学生建构知识和训练能力的过程，整个项目的开展在系列问题的解决中进行。

4. 以探究活动为推进方式

项目式学习的问题需要在探究活动中得以解决，学生提出方案，尝试探索，以及在探索中学习项目推进所需的新知识、新技能的过程正是活动探究的应然状态和实然表现。

5. 在问题解决过程中培养学生的高阶思维

高阶学习是指向问题解决、创见、决策的有意义地运用知识的过程。项目式学习要求学生深刻体验真实、复杂问题的解决过程，学生在解决问题时，必然在尝试、质疑、探索中体验获取、整合知识，进而拓展、运用与迁移知识的过程，完成从低阶思维到高阶思维的跨越。

三、项目式学习实施的类型与路径

（一）项目式学习实施的类型

随着项目式学习逐渐引入学校教育，项目式学习呈现出多种样态，在一线教育中，项目式学习主要分为活动项目、学科项目、跨学科项目。此外，学者根据不同划分标准，将项目式学习进行分类。

何珊云以知识整合程度为划分标准，将项目化学习的项目分为单学科（多元素）项目、多学科（并列）项目、跨学科（融合）项目三类。其中，单学科项目以某一门学科为主要学科，在此基础上拓展其他学科的元素。在多学科项目中，多门学科以并列的形式组合成项目，并围绕某一主题展开。跨学科项目则深度融合多门学科知识，学科之间的界限被打破，各学科内容相融合。需要注意的是，三者之间的区别一是在于主要学科数目不同，二是在于学科界限是否被打破。在单学科项目中，学科之间的界限是明晰的，其他学科元素只作为拓展或辅助，不能取代主要学科的地位。多学科项目中，尽管多门学科共存于一个项目之内，但是学科与学科保持独立，因而其学科之间的界限也是明晰的。在跨学科项目中，问题往往需要灵活运用不同领域的知识才能解决。

有的学者根据所处时空进行分类，根据项目所处的空间，项目式学习分为课内项目式学习、课外项目式学习、二者结合的项目式学习。课内项目式学习一般在教室内实施，学习支持主要为教材、网络资源等；课外项目式学习具有相对开放的社会空间，学习支持为家庭、社区、社会媒体等。根据实施时间的长度，肖春明将其分为课时项目式学习和多时项目式学习。课时项目式学习因为时间限制，往往探究规定性的问题；而开放式主题涉及多概念问题则会采取多时项目式学习。项目式学习还可分为微项目、单元项目、长项目。微项目耗时短，往往在几个课时内进行；单元项目如针对某一单元主题展开的项目一般持续一至几周；长项目需要通过一学期甚至更长时间完成。

有的学者根据实践方式进行分类，贺慧、张燕等学者将项目式学习分为调研类、实验类、设计类以及实作类。调研类项目往往需要通过调查方法（如问卷调查法）收集、分析数据，得出科学的结论；在实验类项目中，学生需要运用已有知识检验某种科学理论或假设；在设计类项目中，学生需要制定活动计划、方案等；实作类项目通常需要学生动手操作产出作品。

根据项目问题的来源进行分类，根据项目问题的来源，可分为生活取向类项目、儿童取向类项目以及学科取向类项目。生活取向类项目，顾名思义，指向生活中真实问题的解决；儿童取向类项目倾向于儿童感兴趣的问题；学科取向类项目则往往围绕一个开放、综合性的学科问题开展。可见，不同的划分依据下，项目式学习呈现出不同的样态。

（二）项目式学习实施的路径

美国专注于项目式学习的巴克教育研究所，其项目式学习的教学模型对于后续美国的项目式学习的发展起到了重要推动作用。巴克教育研究所提出项目式学习设计应包含制定项目选题、创建学习情境、设计驱动问题、规划项目过程以及规划项目评价。

对美国项目式学习影响深刻的维思创新教育，对其项目式学习的方案设计提出首先从课程目标出发，其次对项目进行细致规划，拟定良好的驱动性问题、作品设计制作、界定评价基准、积极反馈、项目评价、最后进行项目展示。

张文兰、张思琦等在构建项目式学习设计时认为：第一要进行项目情景构建，第二为项目活动设计，第三针对项目成果及评价方案设计，第四项目所需资源和工具进行设计，最后制定项目计划并完成项目。

侯肖、胡久华以中学化学教学为切入点，确立了项目式学习设计的模型：基于课程标准、教学内容及学生经验确立项目，确立的项目也应承载核心知识、学科思想方法及学生发展的核心素养，并且具有可操作性，学生兴趣度高，真实有意义并贴近生活社会等；其次对项目进行规划，第一阶段将项目拆解，第二阶段规划时间及任务安排，最后对系统审视、进一步优化设计。

夏雪梅在学科项目化学习设计中提出设计六大要素，即寻找核心知识、设计驱动性问题、设计公开成果及评价要点、设计认知策略、设计学习实践及评价要点、深化全程评价。

王超则认为项目式学习在中学教学中设计应用时，首要进行问题的确定，根据问题创设情境，协作问题解决以及最后的评价与反思。

项目式学习进入我国后，首先较早应用到大学及中职部分专业的教学中，得到了良好的教学效果。为帮助学生转换固定学习思维，项目式学习的教学模式走进了中学课堂。根据前人经验及以上学者的理论，可以看出在我国中小学的设计模型中相比于国外进行了部分简化，设计时也更易让教师接受与动手实操。

基于前人对于项目式学习设计的模型讨论，本研究认为项目式学习实施路径为：项目主题及驱动问题的设定，制定项目目标，确定项目内容，项目规划，项目实施，项目成果展示，最后进行项目评价。成果展示后，项目评价应指向目标，评价成果要从是否体现项目主题、解决驱动问题入手。

第三节　乡土课程与项目式学习的关系

一、乡土课程是项目式学习的载体

（一）基于核心素养导向，培养关键能力

《高中课程方案》（2017 年版 2020 年修订）强调"重视以学科大概念为核心，使课程内容结构化，以主题为引领，使课程内容情境化，更加注重培养学生核心素养，更加强调提高学生综合运用知识解决实际问题的能力。"

《义务教育课程方案》（2022 年版）强调"加强课程内容与学生经验、社会生活的联系，注重培养学生在真实情境中综合运用知识解决问题的能力。加强课程与生产劳动、社会实践的结合，充分发挥实践的独特育人功能。突出学科思想方法和探究方式的学习，加强知行合一、学思结合，倡导'做中学''用中学''创中学'。"

乡土课程以培养学生乡土情怀、发展家国情怀，引导学生做有"根"的人，传承与发展优秀乡土文化，助力学生核心素养提升为课程主要目标追求。项目式学习的学习目标指向学生关键知识、理解和成功技能，不仅仅要求学生能够掌握并应用所学的学科知识与技能，更重要的是懂得如何在现实生活中将这些知识学以致用，成为能够解决问题的综合性知识，获得超越学科技能之上的能力培养（自我管理、

统筹计划、口语表达、沟通合作等）。换言之，项目式学习认为各学科知识的获取与概念理解固然重要，但这些并不是最终目的，在学习过程中所获得并终身受用的能力才是关键所在。而这些能力在学校学习和未来职场中，现在的学生即未来的公民需要的批判性思维、问题解决、团队合作、自我管理等技能，也即是"21世纪技能"。

项目式学习的目标指向与乡土课程的育人目标都内在契合了国家课程方案中强调的核心素养，情感态度价值观、必备品格和关键能力的培养。以乡土课程作为项目式学习的载体，让学生走向乡土，走向社会，走向中国文化的深层，在真实的生产生活情境中，亲身体验，具身学习，在面对复杂的不确定的情景时，能够综合运用所学的知识、观念、方法解决实际问题，为学生核心素养的培育、关键能力的培养提供了一个有效支撑。

（二）推进综合学习，深化教学改革

2019年6月，国务院办公厅发布的《关于新时代推进普通高中育人方式改革的指导意见》在"深化课堂教学改革"部分提到，"按照教学计划循序渐进开展教学，提高课堂教学效率，培养学生学习能力，促进学生系统掌握各学科基础知识、基本技能、基本方法，培养适应终身发展和社会发展需要的正确价值观念、必备品格和关键能力。积极探索基于情境、问题导向的互动式、启发式、探究式、体验式等课堂教学，注重加强课题研究、项目设计、研究性学习等跨学科综合性教学，认真开展验证性实验和探究性实验教学。"

2019年6月，中共中央国务院发布的《关于深化教育教学改革 全面提高义务教育质量的意见》在"优化教学方式"部分提到，"坚持教学相长，注重启发式、互动式、探究式教学，教师课前要指导学生做好预习，课上要讲清重点难点、知识体系，引导学生主动思考、积极提问、自主探究。融合运用传统与现代技术手段，重视情境教学；探索基于学科的课程综合化教学，开展研究型、项目化、合作式学习。"

《义务教育课程方案》（2022年版）在"深化教学改革"部分提到，"整体理解与把握学习目标，注重知识学习与价值教育有机融合，发挥每一个教学活动多方面的育人价值。探索大单元教学，积极开展主题化、项目式学习等综合性教学活动，促进学生举一反三、融会贯通，加强知识间的内在关联，促进知识结构化。"

在义务教育阶段课程的综合化难以落实，如果引入项目式学习，那么这个问题就有了解决的突破口。因为要解决真实的问题往往是需要运用跨学科的知识才能完成的，项目式学习中的驱动性问题就像一条红线把相关知识点的"珍珠"给串联起来，很容易就实现综合学习的目的。●

● 杨明全.核心素养时代的项目式学习：内涵重塑与价值重建[J].课程·教材·教法，2021（2）：18-20.

乡土课程的开发对接义务教育和高中的课程方案以及各学科课程标准，以乡土资源为课程内容，以项目、任务、主题等作为内容的组织形式，以真实的生产、生活、生态为课程实施的重要时空，强调活动育人和实践育人，在真实的情景中进行综合性学习和体验性学习。在乡土课程的实施中推进综合学习，实施项目化学习方式，可以活化国家课程实施，强化课程的综合性和实践性，推动育人方式的变革，培养具有核心素养的面向未来的人。

（三）真实的乡土情境，赋予学习现实意义

乡土课程的主要特征表现为：为了乡土、基于乡土、在乡土中。其中"基于乡土"是指课程资源主要来源于本土，一是自然教育资源如地质地貌、气候、水系、物种等；二是社会文化教育资源如乡村乡风、民情民俗、历史遗迹、文化名人、大学城等；三是社会经济教育资源如高端制造、生态农业、基金小镇等；四是人才资源，如本地文化专家或有特殊才艺的名人等，这些都是乡土课程的重要资源。"在乡土中"指乡土课程在乡土学习情境中实施，乡土学习情境：一是包括学生已有的乡土生活经验，用当下的知识激活经验思维；二是包括创设或模拟生产生活场景，把学生带入情境之中；三是包括把学生带入真实的生产生活情境之中去探究和体验，用所学知识解决真实的问题。

而项目式学习中的"项目"立意务求真实，所谓真实，是指能帮助学生从学科学习和社群生活两个层面与现实世界建立联系，同时对学生个人而言也是有意义的。在这里，真实性指的是项目应该接近于"现实世界"情境中的学习或生活或工作，类似于未来生活与职场的历练。之所以强调项目的真实性，是因为真实的情境、真实的问题、真实的探究、真实的评价标准、真实的受众能激发学生对项目式学习的浓厚兴趣，学生在项目实施中扮演着重要角色，就会主动发起更多的学习活动与全情参与。无疑，乡土课程的内容、资源与实施的乡土性为项目式学习提供了真实的学习情境，学生在解决真实情境中的问题时，学科内容与生活的结合，调动学生已有的知识经验，在项目参与的过程中，融合了学科知识与实践，为学生创设完整的、连贯的学习体验以及构建了有结构的知识。高水准的项目式学习是由一系列精心设计编排的学习经验构成的，既服务于教学主旨，又不失真实性和现实意义。

二、项目式学习是乡土课程实施的方式

（一）乡土课程实施的基本特点

1. 突出开放性和实践性

加强教材与生活、学校与社会、学生与生活的有机联系，打通科学世界与生活

世界、书本世界与现实世界之间的壁垒，把课程置于更广阔、更现实、更富有时代气息的平台上，使教学更贴近现实、贴近生活、贴近学生，做到具身学习，让知识更有温度，能够实现问题解决策略开放，表征方式开放，成果作品形式开放。在一定程度上体现了"学校即社会""教育即生活""教育即生长""教育即经验的持续不断加工和改造"的意蕴。

2. 体现综合性和探究性

构成地方发展的政治、经济、人文、历史、科技等社会要素，与地理、生物等自然要素，以及政治、历史等社会因素是内在的、有机的统一体，它们相辅相成、不可分割，共同组成地方社会生产、生活的全部内涵。因此，乡土课程的实施在资源的开发上力求统筹或整合，在实施上力求其整体性、综合性与实践性，在目标达成上，力求知识与技能、情感态度与价值观的有机统一。学以致用，将书本中所学知识应用到实践中去，提升在生活中发现问题、分析问题和解决问题的能力。

3. 强调体验性和感悟性

地方人文教育是一种润物无声式的渗透，通过创设一定的文化生活情景，引导学生通过参与、体验、思考与感悟，激发他们内心的家乡情感和文化情结，实现知情意行的统一。乡土课程的实施引导学生积极、主动参与社会实践，在实践中开阔视野、学习知识、培育情感、增强能力，提高人文素养。通过在实际生活情景中进行实践和体验，提高对家乡的认知和热爱，增强建设乡土的责任感、使命感，并推及于民族情和中国心。

（二）项目式学习作为教与学的方式

在新的人才培养目标导向下，强调培养学生多元能力的项目式学习日益成为教育界的热点话题。

1. 项目化学习作为一项系统化的教学方式

巴克教育研究所把以课程标准为核心的项目学习定义为一套系统的教学方法，它是对复杂、真实问题的探究过程，也是精心设计项目作品，规划和实施项目任务的过程。在这个过程中，学生能够掌握所需的知识与技能。❶

我国学者认为，项目式学习源自美国教育家杜威（Dewey）倡导的"做中学"，由克伯屈的设计教学法发展而来。它主张教师围绕真实的问题或挑战设计一系列的体验和探究活动，学生需综合运用多种学科知识与技能来解决问题，并将最终的学

---

❶ 巴克教育研究所.项目学习教师指南——21世纪的中学教学法[M].任伟，译.北京：教育科学出版社，2008：4.

习成果予以表达、交流与展示，学习过程始终伴随反思、评价、修正和多方支持。❶ 综合来讲，项目式学习是一种以学生为中心的系统化的教学方式，在项目式学习过程中，学生通过真实参与、问题驱动、多方互动、具身学习、活动探究等，寻求答案或解决方案，设计并完成自己的公共展示作品，以此来解决具有现实意义的问题，从而不仅仅指向学科知识与技能的获得，更能够掌握 21 世纪的关键技能与素养（团队合作、沟通与表达、决策能力、批判性思维、创新创造等）。

可见，项目学习是教学的重要组成部分，以课程标准要求的学科学习内容为核心，植根于课程教学标准，在设计之初就指向学科或领域内核心知识的理解与运用，与课堂传授形成很好的互补。项目是课程，是主要的教学策略，学生通过项目来学习重要的观念、概念、能力，而不是将项目作为传统课程结束后的展示、表演等。项目学习是项目活动，而不是常规课程教学的附属品与"课后甜点"，它本身就是教学的中心。项目式学习的本质在引领学生"如何理解知识与社会""如何理解人类与社会""如何联系学科专业与社会功能""如何实现自我学习"，能够根据真实世界中的真实问题去获取信息，协同他人、解决问题，在这个过程中理解知识、获取技能，认识自己，了解社会，并获得终身学习的能力。

2. 项目式学习与项目导向活动的区别 ❷

为了更好地说明项目式学习与项目导向活动之间的区别，我们列举两个案例来分析。

案例 1：费老师希望学生去比较尼罗河流域文明的价值观与现代埃及的价值观。在单元开始的时候，费老师让学生分析尼罗河流域的一手资料，以及埃及政府拍摄的旅游宣传片。关键问题是："一个社会随着时间的推移会发生多大的变化？"学生将会研究一手资料、文章、人口普查数据，并在社区进行采访，制作他们自己的旅游宣传片。

案例 2：在对尼罗河流域的文明了解之后，马克老师决定让学习社会研究课的学生为游客们设计尼罗河流域旅游的宣传手册。在对所学材料进行总结性评估后，学生必须使用课堂上所学的信息，创造出一本外形美观的小册子，帮助游客了解当地文化和名胜古迹。导引问题是："尼罗河流域的生活是什么样的？"

对比以上两个案例，可以发现他们之间实际上有很大不同，案例 1 属于项目式学习的范畴，而案例 2 是项目导向的活动。具体来说，二者存在以下几个方面的差异，如表 1-2。

---

❶ 王淑娟. 美国中小学项目式学习：问题、改进与借鉴 [J]. 基础教育课程，2019（6）：8-11.

❷ 王淑娟. 美国中小学项目式学习：问题、改进与借鉴 [J]. 基础教育课程，2019（6）：8-11.

表1-2　项目式学习与项目导向活动之间的区别

区别	项目式学习	项目导向的活动
目的	针对学科标准或核心知识的开放的驱动性问题	一般是学完一单元知识后安排的知识应用活动
内容	试图解决真实的现实问题	包含一组不是很聚焦的活动
时长	可持续深入探究	持续时间不长
学生选择	学生有多种选择，能充分表达意愿，参与现实情境问题的解决过程	学生可能没有自主选择的机会，多由教师统一组织
项目作用	项目处于课程核心地位，贯穿课程始终	项目处于课程的外围，是课程实施的高潮

结论分析，在单元课程收尾之际给学生布置一两个与主题相关的学习任务或活动，就是项目式学习了吗？并非如此。好的项目设计应该在设计之初就指向学科重要标准或核心概念的理解与运用，不仅要有现实生活的具体情境，还要有课堂之外的真实受众。项目为学生提供了一个真实的、引人入胜的情境，在探究现实问题和完成真实作品的过程中，学生的批判性思维能力、问题解决能力、语言表达能力都得到发展。

3. 项目式学习的教学经典案例

下面列举的是来自美国中小学课堂中使用的项目式学习的真实案例 ❶《我是鸟类学家》，可以真实感受项目式学习设计的内在魅力。

美国加州科学三年级教学大纲里有这样一条：动物和植物的形态特征是为了帮助他们在特定环境中生存繁衍。这个《我是鸟类学家》的项目式学习活动就是围绕这一教学大纲来设计的。大纲很简洁，只有这一句话，"如果你是这位老师，你会怎么教这个知识点呢？"

如果是传统教学方式，一般会先确定要研究哪一种动物或植物，阅读一些关于这个动植物的文章，了解这个生物在形态上有什么特别之处，这些形态特征是如何帮助该生物适应环境，最后让学生用海报或者演讲报告的形式，把所学知识总结展示出来，如图1-1所示。

在上面这个传统式教学活动中，虽然最后的成果是一个项目——图解海报，但并不能称之为项目式学习。因为在这个过程中，并没有让学生自主解决问题。虽然形式很漂亮，但本质上依然是"老师讲、学生记"的传统学习模式。

---

❶ 案例源于"Gogolearning 教师成长学苑"公众号官方信息。

图 1-1　豹子的形态特征和相应的适应环境的功能

那这位老师是怎么把这堂课设计成项目式学习的呢？首先她给学生看了不同鸟类的照片，大家一起讨论了这些鸟彼此之间的不同之处：有的喙很尖很长，有的喙则短平；有的脚上有蹼，有的则是犀利的爪子；有的羽毛颜色鲜艳，有的则颜色灰暗，如图 1-2。

图 1-2　教学图片

在讨论完各种鸟的不同形态特征后，老师展示了这些鸟类的栖息地图片，请学生根据不同鸟的形态特征来猜测一下它们各自的栖息地。学生们进行小组讨论，写下猜测结论和分析的理由。小组讨论结束后，全班分享各小组的结论，老师揭晓答案并讲解其中的理由。到目前为止，这堂课还和前面传统式教学方法大同小异，接下来老师就要正式引出这次项目式学习要解决的问题了："如果你是一个鸟类学家，你在某个地方发现了一种未曾被发现过的鸟，请画出这种鸟以及它的栖息地并为它命名。"

我们来看一下这个问题，看起来是一个开放性的问题，乍一看似乎没有对错答案之分。其实在这个问题的背后，考察了这堂课所教的全部知识点。从学生给这种新物种鸟类设计的形象和栖息地中，我们可以去观察这个学生是否贯彻了"特定的形态特征帮助生物在环境中生存繁衍"这一思路。

除了给自己的鸟设计形象，学生还需要以鸟类学家的身份写一篇"学术报告"，在文章中分析这种鸟类的各部分形态特征和环境之间的联系，向世人汇报这一重大发现。这样一来，就算是在学生的画中看不出端倪，也可以从他们写的报告中考察他们是否掌握了所学的知识。在设计自己"发现"的新鸟类时，学生可以上网查询相关信息，或去图书馆借阅书籍查找资料。这就是项目式学习活动中最为重要的精神之一：自主探索。在这个信息爆炸的时代，想要知道某个知识点变得很容易，在网上搜索一下能找到成千上万的信息。在信息时代之前，老师的主要工作是教学生"什么是 A"。但现在，学生自己就可以去网上查找、学习关于 A 的内容。所以老师不仅要教"什么是 A"，还要教"学了 A 有什么用、怎么用"。在这个活动中，假扮鸟类学家的学生需要去解决一个虚拟的现实问题：验证新物种和其栖息地之间的相互关系，光知道"什么是 A"是不够的，还需要知道如何将学到的知识学以致用，发展成为解决问题的关键能力。

从该案例中可以看出项目式学习的设计思路：

1. 从核心知识点出发去设计项目式学习活动（只有确定了知识点，老师才知道自己要教什么，才可以开始设计该怎么教）。

2. 思考两个点：①这个核心知识点生成什么样的真实或虚拟的问题；②这个知识点或这个问题如何应用到现实生活或虚拟情境中。

3. 为知识点写一个剧本：剧本可以是学生感兴趣的某些虚拟话题也可以是周边社区真实的话题；加之情境和情节；主人公是学生；学生作为主人公必须去解决一个问题，而解决这个问题的关键就在于对所学知识点的理解与应用。

4. 教师作为启发者，提供限定的资源以及解决问题的支架；学生应主动获取信息，自主探索可行方案。

5. 形成项目成果产品，指向问题解决，看学生是否掌握知识点，获得超越学科的知识与能力。

（三）项目式学习在乡土课程中的设计路径

在以乡土课程为载体的项目式学习实践中，项目设计的整体思路为：素养导向，主题引领，真实情境，问题驱动，具身学习，合作探究，成果呈现，评价反馈，持续改进。其中，项目设计的基本要素有：驱动性的问题或困难，项目是真实的、有现实意义的（基于真实情境），设计解决方案、持续合作探究，学生的主人公地位：学生的发言权和选择（体现学生的自主学习、主体地位和具身学习），作品制作与展示，反思、批判和修订。

1. 驱动性的问题或困难

驱动性问题是项目开展的核心，可以激发学生学习课程内容的需要，把项目的学习目标和项目活动联系在一起，把项目主题和相关学科课程标准内容凝练成一个重要的、有意义的问题，进而激发学生参与并始终将注意力集中在目标上。

可以将学科课程标准中的主题或模块作为问题来源；可以是一个学科或多个学科领域的核心知识：比如说抗击新冠、环境污染、幸福社区等，可以是开放性问题，用简短的一句话体现并传达项目目的，并用以激发学生的兴趣，给学生带来挑战。比如：让学生进行角色扮演，解决现实世界中的问题。①作为建筑师，如何为学校设计一间室外教室？②作为一名科学家，如何设计一个实验来揭穿一个普遍存在的科学误区等。③作为校园的一员，如何为校园的生物设计栖息地？可以是聚焦于项目的问题，例如：如何创作一首关于我们自己生活中重要事件的史诗？

2. 项目是真实的、有现实意义的

具有现实意义的问题并不一定是一个现实世界真实存在的问题，而是说解决这个问题需要用到现实生活中会用到的技能，比如批判性思维、团队合作能力、决策能力等等，学生能够角色扮演，或者模拟情境等，赋予学生参与解决问题的真实性与价值性。

3. 设计解决方案、持续合作探究

项目式学习注重学生的自我管理与规划，所以主要是学生在学习过程的自主行动，设计方案，互动地使用工具，来检测自己或团队的学习进程与一系列的问题。

设计方案是以小组为单位制订一系列的计划和方案，包括采取的问题具象、实践活动、时间规划、责任分工、探究方法等，形成自己学习小组解决问题的计划和方案。

探究就是调用解决问题所需要的各种研究方法，逐步试错，反复循环，方案或作品多次迭代，直至真实作品达到向公众展示的水平。持续探究就是真实世界中和

学生有关联的知识有助于学生进行体验性、探究性学习。探究过程中包括小组成员的合理分工、实地考察、人员采访、图书馆查阅资料和社区调研等一系列活动。教师要综合考虑学生已有的经验和能力、学校课时的安排情况、教师自身经验和对项目式学习的驾驭能力，合理地协调组内任务，并借助信息技术工具引导学生协作完成任务。项目时间可长可短，可以是一到两周、范围有所限定的项目，也可以是时间更长些、开放的探究性项目。

4. 学生的主人公地位：学生的发言权和选择（体现具身学习）

学生应该更大限度地参与到项目的设计与实施之中来，从项目开设的驱动性问题设计，到项目管理进程和角色分配，再到寻求更多的资源和外部支持，直至问题探究的方向和最终作品形式，学生都应有权发表意见。

在项目中有发言权能给学生带来主人翁意识，使他们更关心项目，更加努力。如果教师在项目开始之前就提前设计好每一个步骤，学生只需要据此执行的话，这就不算是真正的项目式学习。

5. 作品制作与展示

项目式学习最显著的一个特点就是有一个作品成果，这也成为很多项目学习的误区，一些学习是为了作品而作品，而项目式学习的作品是学习的起点与终点的一个有效链接。项目作品需要与最初的学习目标相匹配，甚至可以从学习目标倒推来决定最终作品与阶段性作品的形式。项目的最终作品可以是研究论文、报告、多媒体演示、学校范围内的演讲与陈述、学校以外的展览。为了保证最终作品的质量，学生还应该有阶段性作品，可以是作品草稿、产品原型、访谈计划书、视频作品、大事记、作品评论、实地调查指南、项目进展小结、日志、笔记等。这也有利于学习过程的监测与评价。

6. 反思、批判和修订

项目进行过程中，师生都始终保持用"第三只眼"去考察项目探究的方方面面，逐渐让反思成为无时无刻不存在的课堂文化。反思可以有很多载体，如项目札记、形成性评价、阶段性讨论等。反思的内容要有对学科知识理解和运用的反思，对设计和解决方案的反思，还应该有对合作、沟通、批判性思维及自我管理等 21 世纪技能运用情况的反思。学生应该学会如何给予和接受同伴的建设性反馈。对学生项目作品与教师的教学实践进行不断修订。

（四）项目式学习体现的重要特征

（1）项目应该植根于课程教学标准，在设计之初就指向学科或领域内核心知识的理解与运用，项目活动不是常规课程教学的附属品与"课后甜点"，它本身就是教学的中心。

（2）以学生为中心，创设情境，设计学习活动，给学习者创造一个深入探究有意义主题的机会，发掘学生对学习的内在渴求，承认他们有能力做好重要的事情。

（3）设计高度精炼的驱动性问题，激发学生学习兴趣，涉及对学科核心知识概念与原理的学习，引导学生对真实且重要的专题做深入探究。

（4）鼓励学生在问题的解决过程中相互协作、寻求外援，进行项目管理，能够应用科技手段和其他关键的工具和技能。

（5）采用基于表现的评价方法：提前设定一系列评价标准，并予以公示，可以是提出对学生们的期盼，以及要求掌握的一系列的技能和知识。

（6）有对项目成果清晰的设定，"以始为终"，能够解决项目问题，能对项目中的困惑作出解释；或者可以呈现调查、研究和推理所产生的信息。

（7）包涵多样化的作品，可以对这些作品进行反复回馈，并为学生从体验中学习提供机会。

（8）项目式学习的意图，不仅仅要求学生能够掌握并应用所学的学科知识与技能，更重要的是懂得如何在现实生活中将这些知识学以致用，成为能够解决问题并富有力量的综合性知识，获得超越学科技能之上的能力培养（自我管理、统筹计划、口语表达、沟通合作等）。

第四节　乡土课程项目式学习的价值与意义

一、有利于乡土课程育人目标的达成

经过多年的探索，乡土课程实践，不断厚植着学生的家国情怀，激扬了学生的生命张力和主体意义的生命寻根，促进了学生核心素养的提升。

（一）激扬了学生的生命张力

乡土课程的项目式学习强调参与性、情境性、生活性和生成性，是"身心融合""知行合一"的学习。而且以身边的资源为内容，是学生能够亲身感触到的具体的人物、环境、事件和文化等，大多数学生对家乡的乡土文化有着特殊的感情，这样更能感染学生，激发其强烈的情感体验，更能使学生在精神理念、志趣才能、心理品质等方面得到其他课程无可企及的影响，更能激扬学生的生命张力。这些年，我区中小学生对社区、社会发展的关注度明显提高了，每年的各项提案和建议多达上百条。值得一提的是在2017年房山区吉祥物设计征集活动中，作为学生群体共提交了 706 份房山吉祥物设计方案，为房山吉祥物的创设与选择提供了重要的参考。一项调查显示，90% 以上的学生认为乡土课程对自己未来的发展有重要意义。

（二）培育了学生的家国情怀

通过乡土课程的学习，学生对乡土历史、人文、自然、科技有了更为丰富的认知，积极参加各级展示平台。2008 年，房山区教委成立"龙乡诗社"，创办《龙乡新芽》刊物。这是一本属于房山区中学师生的乡土文学类杂志，旨在给有文学爱好，喜欢用文字来传播文化、倾诉感情、书写人生、发表见解的人提供平台。这个平台给中学生提供了一个书写家乡人和家乡事，表达自己对家乡情感的渠道。如一位同学在文章中写道："当我们研究家乡时，家乡好像也在凝视我们；当我们遇见家乡时，我们也遇见了自己"，"家乡就在我们的心里，不在文字上，它只是被记录在文字里，它是由人的心里放射出来，由人的心灵承载，也由人的心灵传承下去的，我们就是那个传承者。"寥寥数语，表现出一份主人翁的责任感和使命感以及对家乡细腻深沉的爱意，同学们已经开始思考自己的成长与家乡的关联。

2009 年始，房山区教委与规划局都会联合举办"知房山 爱房山"知识竞赛活动，至今已有 13 届，学生们每年都能取得很好的成绩。以 2020 年为例，全区各个年级共 605 人参加，评出了一等奖 60 名，二等奖 205 名，三等奖 340 名。可见，学生们对家乡的了解日益加深，对家乡的情感也日益增厚。

2020 年，首都文明办、市教委、团市委、市妇联、关工委联合在全市未成年人中广泛开展"学习和争做美德少年"活动，培育树立、宣传表彰"新时代好少年"典型，引导未成年人见贤思齐，向上向善、忠于祖国、忠于人民，努力成长为担当民族复兴大任的时代新人。全市共推出 2020 年首都"新时代好少年"30 名，我区获奖人数占全市的十分之一，也创造了小、初、高学生全学段全覆盖的记录。

围绕乡土课程目标的落位，2021 年从全区抽取近 7000 名中小学生进行抽样调查，结果显示：95% 的学生喜欢自己的家乡，92% 的学生能够做到孝亲敬长，70% 的学生会做一道家乡美食，85% 的学生认同保护环境、人人有责，80% 的学生会创造一份乡土艺术作品，100% 的学生参加过社区和志愿活动，80% 的学生能够从多元视角观察社会问题，70% 的学生能够讲述家乡故事、发出家乡声音，50% 的学生曾为家乡建言献策，等等。从这些数据可以看出，这些学生有了更为深沉的爱国之心、家乡之思、报国之志、担当之勇及人文之情，成为了一个有"根"的人。

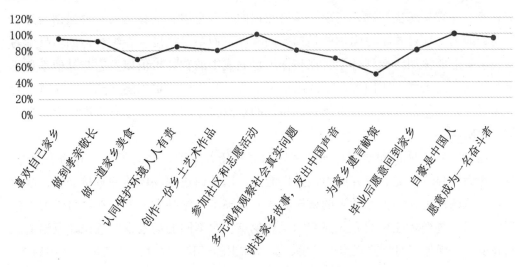

图 1-3　学生乡土素养调查数据统计

二、丰富学生学习生活经历

通过乡土课程开发与实施，能够促进学校课程的本土化实施，拓展课堂教学的时空，变革学生学习方式，培养学生在真实情景中发现问题与解决问题的实践能力，实现学生由被教会向主动学会转型，促进教育和学习方式转变，激发学习兴趣，提升学习内驱力。依托周口店猿人遗址、西周燕都遗址、石花洞等十二个实践基地，根据学段特点和不同基地资源特色，有针对性地开发自然类、历史类、地理类、科技类、体验类、人文类等多种类型的基地实践课程，研发了《行走房山实践手册》，更好地开展研学旅行，引导学生在行走中了解乡土，体验乡土，感受乡土，主动适应社会，促进书本知识和生活经验的深度融合，通过制作、服务、探究、体验等方式，培养学生发现问题、分析问题和解决问题的能力。

由于项目学习研究的问题主要是现实生活中的实际问题，因此它能很好地将学科知识与生活实际相联系，并且要求问题的真实性。这与传统教学相比，突破了教室，突破了课堂，会有效利用社会资源，所以能够很好地克服一些基础教育脱离学生自身生活与社会生活的倾向，让学生亲身经历问题解决的过程，并在这个过程中，能够丰富学习和生活经历，实现学生学习的过程也是学生在感受真实生活的过程。

三、促进学生实践和创新能力的提升

项目式学习强调真实情景、复杂问题、超越学科、专业设计、合作完成、成果导向及评价跟进，培育学生的合作交流能力、动手操作能力、创造能力与批判性思维，用高阶学习包裹低阶学习，将素养转化为持续的学习实践。项目式学习更加重视学生的跨学科学习，将多学科进行融合，以项目探究活动为引领，让学生在将学科知识与生活情境、社会情境等现实情境有机联系起来，运用跨学科的知识综合性地思考、探究并解决问题，实现了学科知识的整合重组、迁移运用，增强创新意识和实践能力。项目式学习强调的是探究的深度，而不是广度。在综合性的项目学习中，学生能够深切体会到各学科在整体项目完成中的独特价值以及它与其他学科不可分割的相互关联。正因如此，经由项目学习，学生应能更加感受到系统学科学习的重要性，而且能够以一种整体的、相关的观点去学习它、运用它，进而提升自身综合素质。

通过主题、项目和学习单元的问题探究，任务驱动，提高了学生的动手能力、观察能力、自主能力、探究能力，合作能力，以及通过现场体验和直接经验，活化学科知识的能力，完善了学生的认知方式，提高了思维品质。学生在项目学习的过程中，以一种循环往复的方式探究知识和观点，在不同的场景中有意识地重温概念和技能，不断加深对重要观点的理解，促进知识的迁移。学生在真实的情境中思考，发展融会贯通的能力。项目学习能够有效帮助学生在知识获得和概念理解过程中，获取这些关键能力。

乡土综合课程的开发，注重与学生经验、社会生活的关联，以项目为内容主要组织方式，加强了课程内容的内在联系，突出了课程内容的结构化，在补充国家课程资源，拓展课程领域，丰富课程内容的同时，增强了课程的探究性和实践性。学生经历活动过程，成为积极的探索者与实践者，不仅要吸收教师所讲授的知识，而且要积极利用这些知识去解决问题、完成"项目"任务，在这个过程当中发现知识的本质并建构知识，赋予知识现实的意义，实现创造性的学习。

PART 2

第二章　基于乡土课程资源的学科项目式学习

第一节　学科项目式学习的理解

　　学生的学习主要是为了积累关于认知世界的经验。这些经验一部分来自理论性的知识传统，这些知识可以通过直接传授获得。另一部分来自实践智慧，只能由个体从特定的情境、学习经历中获得，即从直接经验中建构。如何在学科教学中为学生创设必要的实践活动，提供必要的学习情境，让学生经历学习的过程，项目式学习为我们提供了学习的路径。

一、学科项目式学习的内涵

　　《普通高中语文课程标准（2017 年版 2020 年修订）》提出课程内容包含 18 个"语文学习任务群"，而"语文学习任务群"的实施，又是"以学习项目为载体，通过整合学习情境、学习内容、学习方法和学习资源，引导学生通过自主、合作、探究性学习等学习方式最终形成体现语文核心素养提升的成果"。《普通高中化学课程标准（2017 年版）》指出，教师应积极开展"素养为本"的教学实践，主动探索"素养为本"的有效课堂教学模式，开展项目式学习活动。《义务教育地理课程标准（2022 年版）》在课程实施中，提出了"教师还应注意把真实环境中的地理事物和现象、社会热点、学生体验等素材组合成有内在逻辑的内容组块，将教学内容结构化，避免碎片化的内容呈现和割裂式的学习过程设计。可以根据实际情况将课程内容进行适当的整合与重组，尝试项目式学习、单元式学习等综合程度较大的内容组织方式。"无论新课程改革的实施要求，还是近年来国内结合学科教学的本土实践，都表明学科项目式学习具有一定的必要性、可行性、价值性。在学科教学中也可以进行项目式学习，可以将项目式学习的要素融入学科中，作为对常规学科教学的丰富。

　　学科项目式学习将项目式学习的设计融入学科教学，将低阶认知"包裹"入高阶认知，在不降低学科学业成绩和保证基础类知识与技能不损失的情况下，通过项目式学习的设计同时培养学生的问题解决、元认知、批判性思维、沟通与合作等重要的能力。简而言之，学科项目式学习是基于学科中的关键概念和能力的项目式学习。学科教学中的"项目式学习"是指基于课程标准，以小组合作方式对真实问题进行探究，学生在调动学科知识、能力、品质等创造性解决问题、形成公开成果中，对学科核心知识、概念和原理的深刻理解的教学方式。

　　学科项目式学习与传统的学科课堂中"讲授、接受、检测反馈"学习有怎样的不同呢？学科项目式学习是围绕学生自己发现或提出的感兴趣的问题所展开的学习活动。大量实践表明，在这样的学习过程中，学生往往会表现出高度的主动性和学习热情，学习方式常常是小组协作式的活动，学习成果的呈现形式是多样的。而"讲授、接受、检测反馈"的教学主要是要求学生学习课程标准所规定的知识内容，带有一定的强迫性，学习过程主要是学生个人按照一定程序（听讲、作业、复习、考试）学习为主，学习结果主要呈现在卷面上。两者相比，前者是开放的，不限于具体的知识内容和学习形式；后者是相对封闭的，学习行为是单调的，学习的知识内容和评价方式是单一的和确定的。

同样是培养学生解决问题的能力，项目式学习与解题训练和有何不同？或者说大量解题训练式教学过程和学习过程，与项目式学习的过程与结果有何不同？事实上同样是解决问题，与书本中的习题相比，项目式学习所面对的问题要真实得多、复杂得多且往往涉及多个学科领域。解答习题是接受任务，完成任务；项目式学习是发现问题，给出任务，最终完成任务。二者相比，前者是被动的，后者是主动的；前者是非创造性的，后者是创造性的。解答习题是利用已知条件，项目式学习是发现和创造条件。课本习题中的已知条件是出题人给出的，而在项目式学习中，学生需要自己去寻找和挖掘解决问题可能利用的各种资源，这本身就是创造。所以，项目式学习是对传统教学方式的必要补充。

传统的"讲授、接受、检测反馈"教学是必要的，而且在现阶段也是主要的，但仅有这样的教学方式是不够的。面向未来，我们需秉持全人教育理念，创造条件，让学生通过项目式学习等多种方式体验完整的学习过程。完整的学习过程才更加接近生活，这样的教育才能培养出完整的人，培养出适应未来社会的人。

二、学科项目式学习的特征

学科项目式学习的任务是学生解决真实情境中的问题，完成的标志是产品的产出。学科项目式学习，作为讲授法的补充而为学生提供做事的机会。从学科项目式学习内涵，概括出学科项目式学习具有以下主要特点。

（一）真实性

真实性是项目式学习的一个重要特征。项目式学习源于学生自身对课程中真实问题、真实情境和真实任务的探索。项目式学习的真实性是指学习内容与真实的世界是相互关联的，可以体现在几个方面：项目有真实的背景；或者采用真实的工作流程、工作任务或者标准；或者解决的是学生自己遇到的真实的问题等。项目式学习在真实的生活情境中进行，强调"真实的学习"。学习的真实性，表现为：其一，学习的内容和问题往往是真实的、开放的、结构不良的，而不是虚构的、封闭的、结构良好的。其二，对这些问题或内容的学习也不是采取虚拟的，而是以真实的方式来进行的。当学习以真实的方式来进行时，学生在完成产品的过程中，通过探究学习新知识同时迁移运用以往知识、经验，解决真实问题，突出理论与实践的有机结合。这样的学习因为与真实事物相连而具有实际价值。通过项目式学习让学生建立起学科知识与生产生活联系，提高学生利用学科知识解决生产生活问题的能力。

　　项目可以是针对现实社会问题而做出的调查报告，也可以是提出一个能够解决真实社会问题的方案，还可以是为直接解决一个社会现实问题而进行的项目。例如化学学科"甲醛的危害与去除""科学使用含氯消毒剂""论证重污染天气'汽车限行'的合理性"。地理学科为家乡景区设计旅游路线，向政府部门提交家乡某城市的规划意见、调查家乡某次自然灾害的成因等。

（二）合作性

　　学科项目式学习在开发阶段，老师、学生以及涉及该项目活动的所有人员相互合作，从问题生成、目标设计、活动设计到项目管理形成"学习共同体"。在实施阶段，学生以合作学习方式对项目问题进行讨论。项目实施过程是全体团队成员分工协作，这就需要学生间进行大量的沟通互动，提升学生的社交沟通技能；也需要学生间进行实施方案的探讨及经验的分享，促进学生对概念的理解；也需要个体间合作完成逐个任务直到最终产品，提高学生的协作技能。学生深刻认识到团队合作的意义与价值，最终培育学生的沟通能力与融入社会的合作精神。

　　学科项目式学习是以小组为单位的学习，学习小组如何组建？几个人一组合适？每个人在团队中应扮演什么角色？如何才能实现学生间的深层次的沟通交流？这一系列问题都需要教师精心考虑。学习共同体小组可以分为两类：一类是"同质小组"即根据学生的兴趣，自由组合共同学习，共同提高；另一类是"异质小组"，根据学生之间的成绩差异、性格差异、能力差异等进行分组，在项目式学习前期，教师一般会通过问卷调查或者讨论会的方式对学生的学情进行评价，可以根据评价结果来组建项目学习小组。一般情况下，学习共同体的组建秉承"组内异质，组间同质"的原则，这有利于项目式学习更有效率地进行。

（三）实践性

　　学科项目式学习强化基于真实体验的学科实践活动，学科实践贯穿于学科课程，实践贯穿于生活和课堂，用学科实践解决问题，实践贯穿于学生发展、成长。

　　学科项目式学习是通过学科活动来显性化表达，倡导用中学，做中学，突出学科实践。例如，思想政治学科项目式学习中，如果要强调学生的法治意识，可以设计学生扮演不同的社会角色，在角色可能面临的真实冲突中，评估学生的法律思维。地理学科调研房山区长阳镇土地利用；思想政治学科模拟联合国；历史学科为房山历史名人立传、演出历史剧；化学学科参观房山区葡萄酒酒庄，自制葡萄酒等。

学科项目式学习需要学生更多样的学习实践。学习实践包含提出问题，合作沟通，有理有据的表达，使用信息技术，有创意又有美感地呈现，等等。这些实践是学生在通常的学习情境中较少遇到的。学科项目式学习的历程是持续探究解决问题的历程。探究包含调查、知识建构和问题解决，可以是设计、决策、发现问题、解决问题、建立模型等。项目式学习的探究性体现在学生借助教师的帮助和引导，自主寻求理解或建构答案的过程中。与传统教学普遍由"老师讲，学生听"的接受型课堂不同，项目式学习在真实的问题情境下，围绕一系列具体任务，小组成员通过多种途径寻找文献资源和现实事例，借助专家咨询以及网络查询等方式，获取解决案例所需的学习资源，体现了学科教学过程的本质是探究。

（四）开放性

学科项目式学习是一种开放式的学习，在实施过程中往往会产生不可预见的问题。学科项目式学习的开放性体现在目标的生成性、内容的多样性、过程的灵活性、评价标准的多元性。仔细检视项目式学习内部诸要素便不难发现，其目标、内容、过程及评价标准等要素均不是封闭的，而是一个可供选择、可随时调整的开放系统。项目式学习尊重每一个学生的发展需要，致力于每一个学生的个性发展，绝不是写在纸面上的口号。其开放性的目标关注学生的生活世界，开放性的实施过程促进学生主体意识的觉醒，开放性的内容让学生的学习生活更加丰富多彩；开放性的评价标准则让学生积极的学习体验和个性化的创造性表现得到充分融合。在开放的项目式学习中，学生真正成为学习的主人，也借此真正实现了学科核心素养在学习方式变革中得到培育，于润物无声中蓬勃生长。学习更具有个性化，学生可以结合自身的特点，在小组合作中发挥优势和特长展开学习。学习的时空开放，可以在课下，也可以在课上，还可以是课上和课下相结合的方式，而学习的手段可以利用网络、图书馆、教科书等查阅并收集信息，将其运用于项目研究。

（五）高阶认知

项目式学习的目标既要包含学科知识，也要包括高阶的工作方式和思维方式。学科项目式学习中学科问题的提出改变了原来学科学习从低阶开始并且主要在低阶学习附近徘徊的特点。学科问题要有一定的真实性和挑战性，从开始贯穿到最终，往往要求学生有全局性的、复杂的、策略性的思考。在项目式学习设计认知策略上，参考了马扎诺学习维度论。他将高阶策略描述为6个方面：（1）问题解决；（2）创见；（3）决策；（4）实验；（5）调研；（6）系统分析。而高阶学习又是基于获取和整合知识、扩展和精炼知识这两个低阶学习进行的。例如地理学科项目式学习中的认知策略，见图2-1。

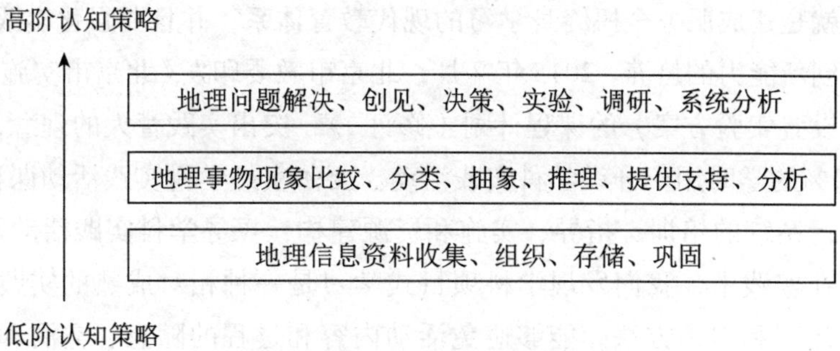

高阶认知策略

↑

| 地理问题解决、创见、决策、实验、调研、系统分析 |
| 地理事物现象比较、分类、抽象、推理、提供支持、分析 |
| 地理信息资料收集、组织、存储、巩固 |

低阶认知策略

图 2-1　地理项目式学习中的认知策略

例如，搜集北京市近一星期的大气污染指数，在认知策略上属信息收集的低阶认知，学生们分组调研北京今年 4 月大气污染指数的变化原因，在认知策略上属于问题解决、推理、调研、系统分析的高阶认知策略，后者就是较为合格地体现挑战性问题的认知策略。

（六）产品导向

这里的产品包含学生在项目结束时完成的完整作品，也包括提升的学生综合素养。产品导向是指具体的教学设计、教学实施及评估过程都围绕产品开展，其本质是通过完成作品提升学生核心素养的目标引领，体现了学生对问题的完成率。包含了个人与团队的共同努力，学生可以通过多种形式进行展示如研究性报告、叙述、表演、论文、PPT 展示等等。

产品导向要求在项目结束时，学生制作完成一个可见的产品。然而需要强调的是，项目式学习不只是要做一个产品，还要明确产品背后要达成的目标是什么，以及为什么要以这种形式制作产品。如果不弄清这个问题，那么很多人就会将重心放在制作产品上，而忽视了项目式学习本身的价值和意义。例如"工业除尘装置设计与制作"项目，背后的核心知识是摩擦起电的原因、电荷之间的作用规律。"制作密度计"项目，背后的核心知识是综合运用密度、浮力、运动及力等核心知识。

三、学科项目式学习的意义

学生要完成某一个"项目"，需要调动认知、动作、情感等多方面的参与，需要进行多种学习活动，包括观察、收集信息、讨论、调查、考察、实验、设计、制作、汇报等，单一的学习手段和方法是不能解决问题的。高质量的学科项目式学习，学生对真实问题进行探究，学生学习更专注，更具有主动性，学生对学科关键知识理解更为深刻、透彻，更容易在新情境中进行迁移。

（一）有助于落实实践育人的理念

2019 年，中共中央、国务院印发的《中国教育现代化 2035》中提到的主要发展目标之一就是建成服务全民终身学习的现代教育体系，并且要强化实践动手能力、合作能力、创新能力的培养。2015 年 7 月，北京市教委印发《北京市实施教育部〈义务教育课程设置实验方案〉的课程计划（修订）》，突出实践育人的理念，要求部分学科拿出 10% 的学时用于开设学科实践活动。要落实好学科实践活动课程，须从学校的层面进行系统的培训、指导、实施和资源建构，探寻学科实践活动常态实施的有效路径。在实践中，我们发现学科项目式学习是一种相对成熟的实践学习方式，它有基本的流程和组织方法，能够避免活动内容和过程的随意、空洞和形式主义，提高学科实践活动的实效，可以说，项目式学习是当前所倡导的学科实践活动很好的载体和实施路径。

项目式学习将学习主体与社会实践主体合二为一，实现学校教学与社会实践深度融合，让学生在真实情境中掌握系统知识，迁移应用知识，提升解决现实问题的能力。在学科项目式学习中，往往需要学生走出课堂，走进自然，走进社会，通过调查、访谈、测量等方法，发现并解决学科问题。学生在与同伴的合作交流探究过程中完成一系列的任务最终完成项目作品，项目式学习的最终的产品是需要公开展出的，学生在介绍自己的项目产品时，用准确的学科术语进行书面或者口头语音进行描述有利于培养学生的表达素养。通过项目式学习提高沟通合作、自我管理、创造创新、审美情趣等多种 21 世纪社会发展所需要的技能，促进学生的全面发展。

例如，学习七年级地理《地球的运动》时，可以开展项目式学习，制作地球仪。

【项目名称】制作简易地球仪

【项目介绍】制作一个小地球仪，演示地球的自转和公转，并结合演示说出产生的现象。

【分解问题】选择什么材料制作，既方便又符合科学性？制作中要注意地球仪具有哪些特点？如何在地球仪上确定经纬线？只有经纬线是地球仪吗？如何演示自转、公转？可以从哪些方面描述现象？

【成果展示】学生展示制作的地球仪，介绍制作过程及想法，评价别人制作的地球仪。谁的地球仪做得好？谁介绍得好？谁演示得好？好在哪？为什么？通过作品展示交流，对原有自己制作的作品进行改造。这些过程都能很好地对学生学习过程、知识方法掌握情况、能力层次进行诊断。

学科项目式学习将课上、课下学习融合在一起，将概念的理解、动手操作实践、应用知识解释现象，再到完整的语言表达，学生学习过程及可能出现的问题都可以通过项目交流充分地展示出来了。同时还帮助学生从形状、材料、操作、描述等角度巩固了课上学习，在相互启发中，提升了学生的综合思维、实践能力。

（二）有助于发展学生的学科核心素养

《核心素养导向的课堂教学》指出："能力只有在需要能力的活动中才能得到培

养，素养只有在需要素养的活动中才能形成"。所以，要发展学生核心素养，必须让学生有解决问题和做事的机会，不能只是听讲和做笔记。由学科主题统领的学科项目式学习，以实践活动为学习载体，以问题解决为学习路径，实现赋予意义的学科认知过程，让学生"像学科专家那样思考问题"，可成为促成学科核心素养落地的一种有效方式。例如，高中历史学科在必修课程中国史的教学基本完成后，可以将中国疆域的发展整合为一个探究的主题，通过学科项目式学习，组织学生运用已学知识，在问题解决中提升历史学科核心素养。项目设计如下。

【项目主题】中国历代疆域的变迁

【学习目标】

1. 通过对中国历代疆域变迁过程的梳理，加强时空观念，从历史发展的角度认识中国疆域的变化。

2. 比较中国历代疆域图的变化，提高对历史地图的辨识能力和运用能力，认识中国疆域在历史进程中的联系、延续、发展。

3. 通过对中国重要的边疆地区的历史考察，加深对这些地区是中国固有领土的认识。

【探究过程】

1. 搜集、梳理中国历代疆域图。

2. 观察中国历代疆域图中的疆界，并进行比较分析。

3. 将本主题拓展为若干探究活动，如：（1）以"从历史地图中看统一多民族国家的发展"为题，对中国历史上一些重要时期的疆域进行综合考察，运用地图中的信息说明统一多民族国家的发展。（2）将西藏地区、新疆地区、南海诸岛、台湾及其包括钓鱼岛在内的附属岛屿等分别设定为研究主题，进行历史考察，搜集有关的历史文献材料和分区地图，从历史的角度认识这些地区是中国不可分割的领土。（3）以"中国历代都城的变迁"为题，运用地图及所学知识，说明历代都城的历史地理情况，分析建都的多方面因素。（4）以"从地图中探寻家乡的历史变迁"为题，考察自己家乡在历史上的名称变化、属地范围、行政区划建制归属等，具体了解家乡的历史地理变化。

4. 在考察的基础上，形成主题研究报告，以图文结合的形式展示探究的成果，学生之间进行交流。

这一项目式学习对于学生来说，将问题探究与历史学科五个方面核心素养有机地结合起来，有利于促进学生历史学科核心素养的发展。

（三）丰富了学科育人的方式和方法

传统的课堂教学讲授法，注重基本知识的传授和基本技能的培养，这是很有必要的，但这不是学生发展的全部。在新的历史时期，创新人才的培养和核心素养的提出都对我国学校育人方式的转型带来很大压力，其中很重要的一个转向，就是必须提供一些新的教与学的方式、方法，关键是要打破"从学科知识点入手"的学习方式和习惯，而改为"从问题入手"或"从主题入手"进行学习。项目式学习是一种新的学习形态，是引导学生关注生活、善于在生活中发现学科问题，养成观察生活、主动思考、带着问题进行学习的新的方式。在传统课堂教学中实施项目式学习对学生的冲击很大，学生深有感触地说："上课方式新颖，有一种意犹未尽的感觉；走出了课本，走向了生活，了解了学习的意义，增添了学习的乐趣。""这种学习方式给研究问题提供了具体的思路，培养我们成为解决实际问题的研究者。""通过小组探究，每个人的意见不同，我们求同存异，得到不同的感知和看法，培养了我们的合作能力"。例如，高一地理中，在学习土壤一节时，可以开展"制作土壤标本"的项目式学习，学生可以到河边、校园、耕地、公园等不同环境中挖掘并收集土壤，通过视觉、触觉、嗅觉等感观对比有何差异，分析其形成原因，最终制作出不同种类的土壤标本，在成果交流时将标本进行展示并讲解。

（四）有助于培育科学精神和责任担当

学科项目式学习的过程中已经在潜移默化地培育学生的科学精神，一是在项目实践的过程中，各小组在查阅资料、收集数据、分析数据等一系列项目活动过程中始终坚持实事求是、求真务实的原则，积极分析问题，解决问题，并做出正确的判断和合理的选择，在此过程中提高自身的辩证思维能力。二是从理论上，在学科知识的学习中培育科学精神和责任担当。项目式学习选取的课题往往来自于与教科书知识紧密结合的或是社会热点问题，这让学生把学习从课堂内延伸到课堂外，特别是到社会这个更广阔的领域中学习。学生在解决项目问题的过程中需要广泛查阅资料，对于这些社会问题的了解将更为深刻与全面。作为社会的成员，关注现实生活，关注身边的问题，关注人类的发展，关注对赖以生存的环境的保护、资源合理利用等社会问题，责任感就更加强烈，社会参与意识和决策意识无形中在加强与发展。

例如，道德与法治学科，学生在完成九年级上册第二单元《民主与法治》第三课《追求民主价值》内容的学习，组织相应的学科项目式学习。以小组为单位，选取在校园生活中遇到的问题，针对问题展开调查，形成结论，并提出合理建议，撰写"提案书"，提交给学校相关部门（表2-1）。

表 2-1　某中学学生代表提案书

提案名称				
提案人			附议人	
提案内容陈述	案由			
	案据			
	建议及解决方案			
	拟提请办理的学校相关部门			

又如，高中思想政治学科在学习必修四第二单元第六课《实现人生价值》的内容时，设计项目："地摊经济发展指南"。学生通过走访、探寻和调查，了解地摊经济的发展现状，搜集有关地摊经济发展的相关政策，收集小商贩对于地摊经济的看法以及他们的期望，综合以上调查内容为摊主设计一份地摊经济发展指南。了解小摊主从过去被城管追到如今合理合法合规经营的转变，明确价值判断和价值选择具有社会历史性。

在课堂学习的基础上，从书本学习到项目式学习，引导学生联系所学知识，运用于真实生活情境，在活动参与或问题解决过程，进一步提升认识，培育科学精神和责任担当。

（五）有利于学生个性的生成和丰富的体验

项目式学习方式突出学习中学生的主体地位，它教给学生的是一种学习的方法。学生说："通过项目式学习不仅告诉我们是什么，而且教我们是怎么找出来的"、"探索知识的过程及其方法比获得知识本身更重要"。学生在进入学习情境后能够根据自己对学科问题的理解做出合乎自我认知的判断，对于项目方案、实施路径、实施方式等都具有主动选择的权利，也形成了主动选择的意识。在主动选择的过程中，学生借助教师提供的资源和指导，在活动中主动参与，积极体验，把项目作为自我成长的一部分。主动参与的过程也让学生在完成项目的体验中逐步获取学科知识，增强学习能力，提升学习素养，体现了学生对学习目标的主动建构。这就改变了传统课堂教学过于强调"灌输"和"知识本位"所造成的情况，学生的学习也变被动接受为主动探索，有助于在学生认知当中对学习过程形成意义，使学生能够获得更加积极的学习体验，成为自我学习的学习者，自我教育的教育者，并促进其保持终生学习的习惯。

在当前我国推行素质教育为本的教育改革中，项目式学习也被越来越多的教育工作者运用。项目式学习契合课程改革的需要，有利于培养学生的实践能力和创新能力，有利于为教学改革提供新思路、新方法，有利于落实学科核心素养的培养目标。

第二节　学科项目式学习的设计

学科项目式学习是以学习、研究学科的概念和原理为中心，通过学生参与一个项目的调查和研究来解决问题，以建构起他们自己的知识体系，并能运用到现实社会当中去。学科项目式学习设计融合学科逻辑与学生认知逻辑，以学科内容主题，把学科知识与学科活动的课程内容结构化重组，为了使学生有足够的时间充分展开项目活动，教师可以学期为单位，在学期初结合本学期教学内容提早规划学科项目式学习的主题和要求。

一、学科项目式学习的实施流程

学科项目式学习的实施流程环节中，项目背景、项目评价的组织实施由教师起主导作用；作品制作、成果交流、活动探究的问题解决由学生发挥认知主体作用；项目任务则为学生进行项目学习的主线。项目学习过程中始终强调以学生为中心，教师提供指导、帮助协调和监控，其主要环节及师生的活动如图2-2所示。学生分组后，通过信息检索、小组讨论等形式制定书面计划，而教师则做好当面的辅导，组织研讨、方案评价等辅助工作。在项目学习的初期，可由教师协同学生完成项目计划。

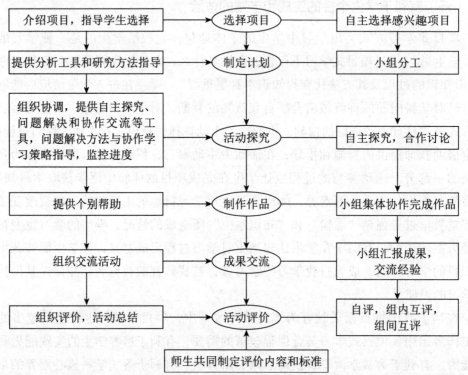

图 2-2　学科项目式学习的实施流程图

二、学科项目式学习的设计依据

（一）学科课程标准

课程标准是国家纲领性文件，是国家期望通过课程的学习后学生能够、应该达成的必备品格与关键能力，塑造学生正确的价值观念。学科项目式学习以学科课程标准为核心，根据不同的项目主题，从课程标准与教材出发，细化、整合、重组教学内容，力争项目主题与学科课程标准呈现高度一致并体现其价值。学科项目式学习必须将国家课程标准融入其中，当然，融入的方式可以是对已掌握知识的运用，也可以是通过项目参与和体验习得新的知识。我们知道，掌握学科知识是学生学习的一个重要目标，因此，只有将国家课程标准有机融入进来，项目学习才能在课堂教学这一"主战场"上真正发挥作用、体现价值，而不囿于为课外活动或综合实践活动锦上添花。

学科项目式学习就是从学科课程标准出发引导学生进行有意义的项目学习。教师在进行学科项目式学习的设计时要考虑：学生要学到什么知识，掌握什么能力，这些都是基于学科课程标准的。例如：依据初中地理课程标准内容要求，"举例说明气候对生产和生活的影响"和"运用图表说出某地区气候的特点以及气候对当地农业生产和生活的影响"这两条地理课程标准内容，就可以设计物候观测的项目式学习。

根据课程标准选择出适宜的项目内容，但项目的学习一般不要涉及过多的课程标准内容，涉及的标准内容越多，项目实施的难度就越大。

（二）国家教材

1.教材正文中的内容。项目的研究内容源于教材，可以是教材中的某一个内容。如人教版选修1《化学与生活》中的"营养物质"，教学中可以设计成项目式学习的形式，让学生查阅教科书及其他资料，了解各种营养物质对人体的作用、富含营养物质的食物、缺乏各种营养物质的危害等。当师生经过共同交流确定了项目学习开展的方案后，教师要为学生提供必要的学习内容作为项目学习的脚手架。例如，初中物理，各项目融合的章节，如表2-2所示。

表2-2 项目整合教材章节的内容

项目	融合教材章节的内容
工业除尘装置设计与制作	电荷与电流
智能窗帘 DIY	电磁继电器
吸尘器制作	气压与气体流速的关系
跑操进退设计	机械运动与速度

2. 教材中的活动栏目。教材中的实践活动丰富多彩，探究性、启发性、可参与性强。教师可从教材中获得启发，选择项目主题的来源。例如，人教版高中地理教材每章的问题研究，可以转换为学科项目式学习的内容（表 2-3）。

表 2-3　学科项目式学习的内容

高中地理必修第二册	问题研究
第一章　人口	如何看待农民工现象
第二章　乡村和城镇	从市中心到郊区，你选择住在哪里
第三章　产业区位因素	实体商店何去何从
第四章　交通运输布局与区域发展	城市交通如何疏堵
第五章　环境与发展	低碳食品知多少

（三）乡土课程资源

项目式学习更加注重真实性和问题性，充分开发和利用乡土课程资源和社区课程资源的做法值得肯定。义务教育历史课程标准明确指出："乡土教材和社区课程资源对学生的历史学习和历史感悟大有裨益。"并提倡"随时发现和利用本地区丰富的人力资源，如历史见证人、历史专家学者、阅历丰富的长者等，他们能够从不同层面和多种角度为学生提供历史素材和历史见解"。作为课程标准执行者与实施者的教师应当认识到，课程标准对课程内容的规定本身"留有余地，以增强历史课程的开放性和弹性……为各地区进行乡土历史的教学提供便利，各地区可根据实际情况开发课程资源"。我们之所以提倡充分开发和利用各地方具有特色的乡土课程资源，不仅仅是因为让历史课堂更加生动，更加"贴近学生生活实际"或为丰富学生的知识储备；更重要的是，优质的地方和社区课程资源能够更有利于学生全面准确客观地认识历史的不同镜像，学习者可以通过丰富的资源对历史有着更加深入的领会。例如各地关于辛亥革命以及革命后宣布独立的大量历史资料就应当被充分发掘，不加以利用就难以真正把辛亥革命理解透彻；各地早期共产党组织的史料也应当予以高度重视，否则关于中共成立的史实就有可能在学生头脑中带有片面化的印象。乡土课程资源确有其独到价值，可以充分利用。

高中思想政治课程标准对"发展思想和新发展理念"专题的教学内容说明如下："阐释以人民为中心的发展思想和创新、协调、绿色、开发、共享的新发展理念，解释经济发展方式的转变和供给侧结构性改革，评析经济发展中践行社会责任的实例。在学科项目式实施上，建议结合当地实际，对当地转变经济发展方式的某方面情况进行调研，剖析存在的问题及其原因，提出对策建议。例如，设计项目"燕山石化转型发展之路"。

（四）学生学习情况

课程标准是项目选定的前提和基础，还要综合考虑学生的认知特点、认知规律，考虑学生的学习兴趣以及教师、办学条件等诸多因素。项目的选择要围绕教学目标，要有开放性兼顾趣味性，通常是由教师提出一个或几个项目任务设想，然后师生共同讨论，最终确定项目主题。需要注意的是在初次或者前几次进行项目式学习的时候，一般要由教师进行项目的选择，当学生熟悉项目学习的流程，掌握基本的项目式学习方法后，教师可以把对项目主题的选择权交给学生。学生罗列出他们想要学习的项目主题，教师根据学生筛选的主题进行分析，并根据本地区的特点和可利用的资源情况，再选择符合学生兴趣的项目主题。

1. 符合学生的认知，结合学生的兴趣 。项目主题的选择要充分考虑到学生的认知水平和学生的兴趣爱好。选择学生感兴趣的、很有收获的主题，学生才能愿意投入到项目学习中去。在进行项目主题的选择时考虑学生在注意、思维和想象等方面认知发展水平和学生的实际操作能力。在设计项目时，要充分考虑学生已有的知识背景，让学生在项目学习中自如地实现经验世界与未知世界的融通。如果在没有了解学生知识背景的条件下设计项目，那么设计的内容很有可能偏易或者偏难。学生要么觉得所学内容没有挑战性，要么觉得内容晦涩难懂。比如，初一学生绘制地图。绘图可以是传统的绘制地理统计图、平面图、行政区划图等，也可以设计一些有趣味的、开放性的创意地图，如绘制中国美食图、地震逃生路线图、环境地图等，引导学生学会观察生活、品味生活，考察周边环境、学习生活中的地理，提高生活情趣和生存能力。

2. 项目主题的可操作性。项目在选题时要对项目实施的可能性进行分析。通常开展项目式学习需要学生实地考察、图书馆查阅资料、人员采访以及在社区等场所进行调研。在项目选择时就要考虑项目的范围，项目范围的确定要综合考虑学校的课时安排情况，老师自身的经验和对项目学习的驾驭能力。项目最好能在学校或者学生生活的地方进行实施，这样不仅可以节省时间也可以兼顾学生的安全。

三、学科项目式学习设计的操作框架

学科项目式学习的设计不是从项目或活动开始，而是从期待学生理解和掌握的学科核心知识出发。设计者借助课程标准、教材等寻找学科关键概念或能力，确认与这些关键概念、能力相关的一系列基础知识和技能，将学科核心知识用问题的形式表现出来。学科项目式学习设计的整体思路是素养导向，主题引领，真实情境，问题驱动，合作探究，成果呈现，评价反馈，持续改进。

（一）素养目标

学科项目式学习指向的目标是综合统整的，在探究问题完成项目的过程中，学生调用所有的资源，达成深度理解知识、发展能力、培育态度和价值观的素养目标。学科项目式学习目标是项目式学习的根本出发点和最终归宿，是学生参与项目式学习活动后应该表现出来的、可见行为的具体且明确的表述，项目学习目标决定项目计划的总方向，后续的项目活动都要以项目目标为依据来开展。学科项目式学习目标与学科课程目标一致，落实学科课程核心素养，指向中国学生发展的核心素养。

教师在进行学科项目式学习设计的时候，首先要确定学科核心素养目标，即通过学科项目式学习，到底要培育学生哪些学科核心素养？其次要确定各学科核心素养目标所涵养的知识、能力、情感、态度、价值观。例如，如果期待学生达成历史学科核心素养"史料实证"目标，就需要详细列出达成"史料实证"素养的核心知识、关键能力、积极情感态度等。素养目标的构成要素，可以从认知领域、情感领域制定项目的学习目标。例如：在对"调研家乡交通情况现状及对策"的项目中，对象是八年级学生；行为是通过文献搜集和实地调查；条件是对所得的数据进行分析，做出合理的判断和预测；标准是认识家乡的交通布局，养成自觉遵守交通规则的良好习惯，给有关部门和居民提出一定的建议。项目式学习与学科教学的融合一般都要依托特定的学科知识内容展开，尽管也非常重视学习的开放性，但都要强调特定学科知识掌握和学科能力培养的目标。

（二）确定主题

学科教学内容涉及面较广，存在于现实中的学科素材也较多，这就需要在组织教学内容时抓重点，指向学科核心知识、关键能力等学科本质。在分析课程标准、教材和乡土课程资源的基础上，确定一个项目主题。学科项目式学习，项目主题的选定是重要前提，也是关键第一步，项目主题的选定关乎整个项目式学习的方向，并能使学生准确定位学科内容。项目主题需要综合考虑教材内容、学生认知、学生兴趣、现实基础以及可操作性等问题，所以在确定项目主题时，需要结合教学内容，将教材内容转化为真实的、符合学情、适应课程标准和学科核心素养的项目任务。

1.学科核心概念。核心概念指的是那些用于课程、教学和评估方法的核心概念、原则、理论和过程，它可以超越特定单元范围进行迁移。在学科的项目式学习中，教师可以选择核心概念创设项目式学习主题。例如，地理教学中的"地理联系""区域发展""因地制宜"等，有别于具体概念，地理学科核心概念是在大量地理知识的基础上抽象概括出来的，具有相对普遍的解释力和相对持久的应用价值。可见，核心概念并非仅就其统摄内容的范畴而言，其本质是一种关于"知识应该用于解决什么问题"的观念。

2. 教学单元主题。中学历史教材编写的特点之一就是基于一定的历史时序开展主题性学习。以人教版八年级历史下册第三单元"中国特色社会主义道路"为例，说明基于单元主题进行项目式学习的重要性、必要性。

表 2-4　单元主题　中国特色社会主义道路

课时主题	课时核心内容	与单元主题的关系
伟大的历史转折	十一届三中全会	时代开启：中国特色社会主义道路的开启时期
经济体制改革	从农村到城市的经济体制改革和社会主义市场经济体制建立	时代巨变：对内改革走符合中国国情的特色社会主义道路
对外开放	经济特区到入世	时代巨变：对外改革走符合中国国情的特色社会主义道路
建设中国特色社会主义	中国特色社会主义指导思想的形成过程	时代指引：高举伟大旗帜，形成符合中国国情的特色社会主义道路的指导思想
为实现中国梦而努力奋斗	中国梦、两个百年奋斗目标、四个全面战略布局、新方展理念	时代未来：新时代背景下的特色社会主义道路建设伟大成就与奋斗目标

通过表 2-4 得知，本教学单元的主旨思想是理解走中国特色社会主义道路的正确性。而各课时是从不同维度对这一单元主旨思想进行历史解释。按传统课时学习，知识落实虽扎实，但学生难以从宏观上把握本单元主旨思想。因此，可以利用项目式学习进行单元重构，创设基于"走中国特色社会主义道路正确性"的项目式学习主题单元。学生利用单元教学内容进行论证，增强史料实证学科核心素养。

3. 教学关键问题。教学关键问题是指在教学过程中，为发展学生核心素养或实现学科核心素养目标而必须解决的最基本、最紧要的学科重点暨学习难点问题。它的落实往往需要较长的课时，而项目式学习是突破教学关键问题落地的有效方式。

（三）驱动问题

驱动问题是由课程标准和项目主题凝练成的有重要意义的学科问题，它贯穿于整个项目学习活动，用于组织和推动教学工作的开展，在项目中起关键作用。选定驱动问题是项目式学习的起点。项目式学习的实施是从一个驱动或引发性的问题出发，问题用来组织和激发学习活动。

驱动问题的设计要基于课程标准，能够反映学生需要掌握的基本知识和技能，并具有发展学生的核心素养和学科能力的价值。因为问题使整个项目活动保持持续性和一致性。用怎样的问题驱动学生主动投入？问题驱动学习，引导学生去解决问题。知识的获得来源于对问题的认识和解决的过程。学习开始时遇到问题，问题本身推动了解决问题和推理技能的应用，同时也激发了学生自己查找信息、学习关于此问题的知识和结构以及解决问题的方法。项目式学习是通过问题引发学生对概念的思考和探索。驱动问题是一个开放性问题，它不仅需要学生找到信息，还需要学生提出观点，分析推理，给出证据。好的驱动问题，一方面能引发高阶思维，一方面能提供问题化的组织结构。可以比较一下这两个历史问题：

问题1：成吉思汗的继承人窝阔台，死于公元哪一年？最远曾打到哪里？

问题2：成吉思汗的继承人窝阔台，当初如果没有死，欧洲会发生什么变化？试从经济、政治、社会三方面分析。

前一个问题我们都很熟悉，它聚焦特别细碎的知识点，回答这个问题只要通过背诵就可以了；而后一个问题则是很有意思的驱动问题，对这个问题的回答会迁出一大片知识，涉及社会、政治、经济等领域，包含欧洲的鼠疫、文艺复兴等相关知识，此外，学生还需要在此过程中进行大量的阅读、信息提取、整理、批判性思考与讨论。

驱动问题直接影响了项目式学习的实践过程和结果。驱动性问题不同，项目式学习的结果可能完全不一样。在设计驱动问题时，要考虑问题是否具有挑战性和开放性。如何设计驱动问题？（1）具体问题内容提升为驱动问题。（2）将驱动问题和学生经验建立联系。（3）运用"冲突、争论"的问题。驱动问题仅仅符合"能引起学生的兴趣"是不够的，它还应该能够引导学生掌握课程标准要求的知识、技能和方法。驱动问题是开放的而且具有挑战性，没有所谓的标准或者正确答案。他要求学生要对收集的信息进行整理、分析、评价、创造等，能够激发学生深度思考，而不是仅仅关注表面现象，所以应确保驱动问题不是简单的凭"是"或者"不是"就能进行回答。比如"黄河是不是中华民族的母亲河？"改为"如何证明黄河是中华民族的母亲河。"

（四）解决问题

项目式学习是以现实问题的解决为核心，将问题通过分解与转化形成一系列耦合的探究任务，通过师生互动完成任务。这里的"问题解决"，指向真实世界中客观存在、需要解决的问题，而非高度结构化设计的用于解答的习题。需要说明的是，项目式学习与原有的综合实践活动、主题教学以及问题式教学等，有理念的相通之处，可在思路与经验上提供借鉴；但也因各概念的内涵差异，使其在目标、路径与应用场景等方面有所不同。例如，问题式教学（或基于现象的学习）侧重"是何""为何"类问题的发现、分析与解决，而项目式学习则关注"如何""若何"类问题的具身认知。

解决问题的过程，比如采用SWOT分析法，列出优势、劣势、机会和威胁，在此基础上，选择、设计和优化。学生在情境化的活动体验中，形成"必要性、可行性"学科大概念，并将其内化为解决工程建设等问题，乃至学习与生活决策的观念。例如，"地理行为决策需要兼顾必要性与可行性"学科大概念，可分解为（1）论必要性，地理决策的影响评价；（2）分析可行性，地理决策的条件分析；（3）对谁必要，地理决策的群体博弈；（4）如何可行，地理决策的精进策略。

【驱动问题】该不该引藏水入疆？

【项目介绍】

新疆光热条件好，土地资源和矿产资源丰富，但水资源严重不足；西藏水资源丰富，但用水量较少。多年来，很多人憧憬从西藏向新疆引水，甚至有人构想了藏水入疆的引水路线。但是，在憧憬的同时，人们也在思考藏水入疆可能带来的负面影响。那么，该不该引藏水入疆呢？

针对这一问题的探究，建议采用以下思路。

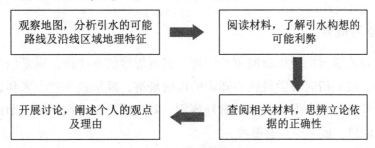

图2-3　引水入疆构思流程

【任务一】构想引水路线

如果引藏水入疆，需要从西南地区的雅鲁藏布江、怒江、澜沧江等河段取水，输水到新疆。图示路线是构想的一条引水路线（略）。

【分析】1. 可以选择最短的穿越青藏高原的路线吗？

　　　　2. 调水工程的修建，对新疆的环境和发展有什么好处？

【任务二】分析藏水入新疆引水工程的潜在问题

1. 藏水入新疆引水工程可能会存在一些潜在问题，下面列出的是专家的部分质疑和担忧。中国地形的第一阶梯和第二阶梯的过渡带有多条断裂带，属于地质灾害多发区，大型水利工程会诱发地质灾害。

2. 沿线穿越我国生态脆弱区和重点保护区，流经多个流域，跨越多个自然景观带，对生态环境产生的影响不可忽视。

3. 新疆蒸发能力强、降水量少，一旦排水不畅，很容易出现土地盐渍化问题。

【分析】1. 归纳材料提出的藏水入疆引水工程的潜在问题。

　　　　2. 除上述问题外，藏水入疆引水工程还可能面临哪些难题？

【问题探讨】假设藏水入疆引水工程的技术问题和资金问题都能解决，从政治、经济等方面，讨论该不该引藏水入疆。

问题解决是问题解决者寻找解决方案，实现从问题空间的一个知识状态转换到另一个知识状态，直至达到目标状态的过程。这一问题解决过程通常可以分为七个阶段：（1）问题分类；（2）构建问题的心理表征；（3）寻找适当的问题解决策略或程序；（4）检索和应用这些策略或程序；（5）评估问题解决进程和解决方案；（6）如果进展或解决方案不理想，则重复（1）—（4）；（7）将解决方案作为习得的知识结构存入长时记忆。

同时，教师还应引导学生加深对核心概念的进一步理解，为学生的深度理解提供必要的"脚手架"。解决问题，首先对这个问题所处的情境进行分析，思考解决问题的策略，引发学生的个体思考和同伴间的讨论，分析各种方法在该情境下的合理性。项目式学习最终的结果来自师生、生生对问题情境的共同探索。真实的驱动问题；在情景中对问题展开探究；小组的方式进行学习；运用各种工具和资源促进问题解决；最终产生可以公开的成果。

（五）学习成果

学科项目式学习的成果指向驱动问题，具有思维的真实性，成果包括个人成果和团队成果，成果指向对学科核心知识的深度理解，成果包含做出来和怎么做出来的说明。设计者需要在设计阶段就做好规划，对这样的驱动性问题，期待学生产生怎样的学习成果、成果要点有哪些？

1.项目作品。项目式学习在活动结束时要有一个或者一系列的明确的输出结果，这个结果被称作项目作品。作品的形式可以多种多样，如调研报告、实物模型、宣传图册、录像视频、PPT、角色扮演和话剧表演等。这个作品是学生进行项目式学习的劳动成果，这也是学科项目式学习区别于其他教学模式的地方。项目作品应该能够体现项目式学习的目标，即体现出希望学生掌握的学科知识、技能和学科思维习惯。

2.成果交流。项目作品制作完成之后，举办项目式学习成果展，邀请相关人员参与。展示作品的场所可以在班内、校园内、社区内或者是更广泛的场所。展示作品是很重要的一个环节，通过各学习小组的作品展示，分享项目式学习的成果，各小组可以从其他小组的作品中找出自己的不足，从而激发学生进一步的学习欲望，项目作品进行公开展示，将学生的思维与理解具体化，进行交流与学习，使得整个项目过程都难以遗忘，让学生收获有仪式感与成就感的同时，真正解决现实问题。在展示交流这一过程中，教师需要引导学生展示和介绍自己的作品，以促进学生交流技能的提升。作为成果交流的关键阶段，教师可以引导学生将他们在合作过程中的感性体验积极地表达出来，也可以让他们彼此对不同的成果进行充分地分享交流。

（六）评价修正

学科项目式学习的评价既包含对项目式学习的成果进行评价，也包括对项目式学习过程中展现出来的探究、实践等进行评价。评价中强调学生自己动手实践、与同伴的探讨、对概念的理解和呈现等这些重要的维度。

1.评价内容。评价内容要覆盖学生在项目学习中的方方面面，做到全方位评价。评价内容包括数据搜集与整理情况、项目解读情况、小组合作情况、时间安排、成果表达、成果展示等方面。

（1）小组合作学习评价。项目实施的过程改变单一传授的形式，以小组合作，组间交流为主要的学习方式，其学习评价表如表2-5。

表2-5　合作、参与、交流能力

评价维度	合格	良好	优秀
服从小组分配、完成任务			
分享个人想法，与组员深入讨论			
积极思考并提出问题，与组员合作交流			
对比其他小组作品，进行交流与反思			
参与了项目作品的修正与改进			

（2）项目成果评价。如何评价学生项目式学习的成果，在评价时需关注学生的决策过程是否基于证据，学习的过程是否规范，问题解决是否清晰。当然最终作品的呈现需要有相应的评价依据，这样才能真正呼应驱动问题（见表2-6）。

表2-6　项目成果评价量表

评价维度	合格	良好	优秀	反馈
对学科核心概念理解正确				
高阶认知策略的使用情况				
问题解决过程清晰有逻辑				
小组学习实践活动表现				
项目作品达成度				
作品公开展示学习交流改进				
总体评价				

2.评价主体。评价可由专家、学者以及老师来完成，也可以是同伴或者学习者自己，做到全员评价。教师可以观察学生在项目学习过程中所运用的技能和知识以及运用语言的方法。学生可反映他们自身以及同伴的工作和工作流程、小组的工作情况、他们对工作和工作流程的感觉、他们获得了哪些知识和技能。

3.评价工具。评价工具是进行评价必不可少的，它能帮助评价者客观地对评价对象作出公正的评价，做到科学评价。不同的评价工具为我们提供不同的评价视角，并提供不同性质的材料和数据。不同类别项目评价时着重的要点不同，落到具体项目时，可以进一步细化评价项目。例如，初中历史制作表演项目评价量表。

【评价表一】选择一位（或者一组）抗日战争期间的民族英雄，查阅资料，制作一份历史小报，并在班级中展示自己制作的小报。

表 2-7　评价表一

项目	合格	良好	优秀
主题内容	能明确主题，凸显某一人物或者群体	有抗日英雄的主要活动	能充分塑造抗日英雄的形象
	抗日精神的呈现不够充分	有抗日精神的提炼和呈现	能充分展现中国人民的抗日精神
	学科特色不够突出，看不出历史感	有史实，能反映抗战历史	史实准确，史论明确，有历史学科特色
版面设计	呈现内容比较单调；色彩单调或者混乱	有图片；画面多样，色彩丰富；布局规范	背景、文本与图片布局合理；色彩协调；有创意
思维含量	没有创作者自身的思考和发现	有一定的感悟；独特性不足	思维层次丰富；有创作者的发现、感悟和思考

【评价表二】结合小报讲述抗日英雄的故事。

表 2-8　评价表二

项目	合格	良好	优秀
主题内容	环节缺失，前后矛盾，没有与主题照应	开头结尾等环节完整、清晰，基本与主题照应	开头和结尾都吸引听众注意力，过渡自然流畅，与主题紧密结合
语言表达	声音刺耳或者太小，语速过快或过慢	语言顺畅，可以听清	声音富有表现力，语音语调适当，语速适宜
肢体语言	较少有动作或者手势，且动作较为僵硬，配合不恰当	运用一定的动作和手势，基本流畅、自然，但不够生动	肢体动作得体、丰富，动作流畅且符合演讲内容

4.批判修正。项目式学习需要解决某个问题，产生可见的公开成果，引导所有参与者和公众对成果进行评论和分析，成果的修订、完善。无论在方案设计、论证探究，还是在项目执行、任务完成等各阶段都可能碰到各种困难，故要在批判反思中对方案加以不断的修正完善，让学习在批判反思中不断深入。批判修正既发生在自我有意识的自觉行动中，也发生在项目开题、研究、检查、结题的他人批判指正中。例如"工业除尘装置设计与制作"项目，获得带电体，制作除尘装置，改进除尘装置，对照真实除尘装置，不断推进修正。

第三节　学科项目式学习案例分析

一、初中学科项目式学习

案例1　初中历史

项目名称　没有共产党就没有新中国纪念馆

案例提供　北理工附属实验学校 孟令垚

（一）项目的提出

1.2021年是中国共产党成立一百周年，2021年2月20日，习近平总书记在党史学习教育动员大会上的重要讲话中明确"在全党开展党史学习教育，是党的政治生活中的一件大事"。对于中学生来说，历史是最好的教科书，党史学习教育可以帮助让学生坚定社会主义和共产主义的坚定信念，树立爱国主义精神，树立正确的世界观、人生观、价值观。

2.依据《义务教育课程标准（2022年版）》的要求：在历史教学活动中，应积极开发利用社会资源，如历史遗址遗迹、博物馆、纪念馆、展览馆、档案馆、爱国主义教育基地及乡土历史文化资源等，让学生在行走中了解家乡，将课堂知识与社会实际生活相联系，真实地感知历史，切实提高学生的核心素养。

3.房山区的红色教育资源非常丰富，在抗日战争时期，房山地处平西抗日根据地最前沿，霞云岭堂上村，抗战时分别属于平西抗日根据地房良联合县一区和房涞涿联合县九区，这里是世纪红歌《没有共产党就没有新中国》的诞生地，是学生学习党史的重要资源。此项目不仅是让学生去参观"没有共产党就没有新中国纪念馆"，更是要站在一个推介者的角度将爱国主义教育基地面向全体学生做推广，这就要求学生深入了解史实，依据史实提炼纪念馆特色，最终形成宣传方案。将爱国主义教育基地打造成"网红打开地"，是传承红色基因的第一步。

此项目学习，既能有效的落实新课标的要求，又能帮助学生深入了解史实，同时在项目实施过程中培养学生主动探究，合作互助的精神，培养学生热爱家乡、热爱祖国、热爱中国共产党的情感。

（二）项目的设计与实施

1. 整体设计思路

为"没有共产党就没有新中国纪念馆"设计"网红打卡地"策划方案，通过课内的探究和课外的调研相结合进行，这个项目要求学生必须通过实地考察、搜索网络、查阅文献、采访等方式深入了解与之相关的史实，并在真实情境中去观察、思考、研究、发掘出纪念馆最具特色之处，并要融入当今社会的时尚元素，小组合作撰写将其打造成"网红打卡地"的策划方案，最终公开交流，在经过可行性的研判之后，赠与"没有共产党就没有新中国纪念馆"，可作为产品投入使用。形成一个完整的学习研究的闭环。学生在此过程中锻炼的是综合能力，提升的是核心素养，升华的是爱党爱国爱家乡的热情。

2. 学习目标的确定

《义务教育课程标准（2022年版）》最大的变化即是素养导向，所以基于素养导向的项目式学习，要求教师充分了解学情，熟悉课标要求，统编教材资源，乡土课程教材资源。提出真实的具有挑战性的任务，以问题作为驱动，通过分解问题展开项目的实施，本项目确定以下目标，见表2-9：

表2-9　学习目标

学生发展核心素养	人文底蕴、科学精神、学会学习、责任担当、实践创新
学科素养	历史学科的核心素养：唯物史观、时空观念、史料实证、历史解释和家国情怀
学习目标	1. 通过实地考察、查阅文献、访谈等方式，进一步了解世纪红歌《没有共产党就没有新中国》诞生的历史过程，进而加深对党史的学习。 2. 通过搜集、选择、利用相关史料进行方案的撰写，在此过程中培养历史学科素养，以及同伴合作互助的精神。 3. 通过此项目，培养学生热爱家乡、热爱祖国、热爱中国共产党的情感，培养青少年的使命感。 4. 通过此项目的开展，掌握撰写策划方案的基本技能。

3. 项目实施过程

本项目分解成三个核心问题：

（1）如何搜集和筛选与"没有共产党就没有新中国纪念馆"相关的史实与资料。

（2）如何根据调研内容深挖其"网红打卡地"特质。

（3）如何撰写打造"网红打卡地"策划方案。

活动一　如何搜集和筛选与"没有共产党就没有新中国纪念馆"相关的史料

【方法】

（1）通过实地考察、互联网、书籍、文献、访谈等途径，搜集有关于世纪红歌《没有共产党就没有新中国》创作及传唱的背景、过程、影响的相关资料，并建立资源库。

（2）将搜集的资料进行甄别、选择、分类、整合，在此过程中建立历史学的思维框架。

【评价】搜集和筛选与"没有共产党就没有新中国纪念馆"相关的史料的评价量表2-10。

表2-10　评价量表

等级	评价标准
水平1	能够对与《没有共产党就没有新中国》歌曲相关的资料进行简单的收集。
水平2	能够通过不同方式，多种渠道来搜集与《没有共产党就没有新中国》歌曲相关的资料，能简单进行甄别、筛选与分类整合。
水平3	能够通过不同方式，多种渠道来搜集与《没有共产党就没有新中国》歌曲的相关资料，能够对资料进行有效的甄别、筛选、分类、整合并建立主题资源库。

【反思】搜集资料对于初中学生而言看上去是一件简单的事，但是大部分学生做起来却不得章法，所以在这个环节，首先要指导学生如何搜集资料，资料的来源有哪几种，如：上网查阅资料，看书，看文献，访谈身边的老人，到纪念馆进行实地考察等等。资料来源渠道很多，后期要进行分类整合，并进行筛选，保留有价值的资料，并建立与本次项目研究相关的主题资料库，为下一环节任务做好准备。

活动二　如何根据调研内容深挖其"网红打卡地"特质

【方法】

（1）在搜集甄选史料的基础上，教师引导学生，将爱国主义教育基地打造成"网红打卡地"，还需要关注"网红打卡地"不同于一般景点的特别之处，要挖掘纪念馆的"网红"特质。

（2）小组根据甄选出来的资料，结合青年一代的心理需求，梳理出几点纪念馆的特色，即"网红打卡地"特质。

（3）各组选择并依据一个主要特质，对资料进行二次梳理，即选取与"网红特质"有关的资料，为撰写策划方案做好准备。

【评价】根据调研内容深挖其"网红打卡地"特质的评价量表（见表2-11）

表2-11　评价量表

等级	标准
水平1	能够将搜集的资料进行简单的整理，能从中简单提炼出纪念馆特色，能参与小组合作一起探究。
水平2	能够将搜集的资料进行较为科学的整理，并从中提炼出纪念馆的特色为撰写策划方案做好准备，能够积极参与小组合作，并在合作中发挥重要作用。
水平3	能够将搜集的资料进行非常科学的整理，并从中提炼出纪念馆的特色为撰写策划方案做好准备，能够主导小组合作探究，并在合作中发挥重要作用。

【反思】这个环节要求学生以搜集好的资料为依据，深挖资料的价值，从而提炼出"没有共产党就没有新中国纪念馆"的特色之处，即"网红特质"。在这个环节，教师要引导学生采用共情的方法，思考什么样的特质会吸引青少年的关注，也许是红歌本身，也许是创作者曹火星个人的传奇经历，这些都有可能成为在撰写文案时的核心主题。

活动三　如何撰写打造"网红打卡地"策划方案

【方法】

（1）以小组合作为基础，为"没有共产党就没有新中国纪念馆"设计一个"网红打卡地"策划方案，并说明设计理由。

（2）交流和修正。以小组为单位汇报小组设计的方案，其他学生边听汇报边做记录，并提出疑问，最终修正设计的方案。

【评价】根据调研内容深挖其"网红打卡地"特质的评价量表（见表2-12）

表2-12　评价量表

等级	标准
水平1	撰写的策划方案主题不鲜明，思路不太清晰，未能凸显纪念馆的"网红特质"，策划案没有说服力。
水平2	撰写的策划方案，主题较为鲜明，思路较为清晰，基本凸显纪念馆的"网红特质"，策划案有一定的说服力。
水平3	撰写的策划方案，主题非常鲜明，思路非常清晰，凸显纪念馆的"网红特质"，策划案有很强的说服力。

【展示交流】展示交流是项目最终呈现的方式，也是衡量项目是否成功的重要依据。

以小组为单位，合作，呈现方式可以为PPT、短视频、宣传文案。如：

小组一　文案主题：聆听红歌，重走中国共产党峥嵘之路。

以歌颂史，聆听"党的创建和大革命洪流中的歌声""土地革命风暴中的歌声""为全民族抗战呐喊的歌声""循着解放战争进程的歌声"。歌曲为重要历史事件的见证，是各个历史时期的红色印记，歌以载道，歌以抒怀，中国共产党成立100年来，涌现出了涤荡灵魂、深入人心的优秀音乐作品，蕴含着丰富的红色基因，追寻着先辈音乐家的足迹，聆听一个个不朽的旋律，唤醒我们心底的红色记忆……

小组二　文案主题：信仰谱红歌：人民音乐家曹火星

"没有共产党就没有新中国，共产党辛劳为民族，共产党他一心救中国……"这熟悉的曲调，这滚烫的旋律，唱出了亿万中国人民的心声。建党100周年前夕，北京房山区霞云岭乡堂上村的父老乡亲们又一次来到中堂庙，凭吊追忆去世两周年的曹火星老师，正是他在这里创作了《没有共产党就没有新中国》这一历史名曲。

深秋夜晚，曹火星回想到一路上亲见抗日根据地广大人民群众在共产党的领导下坚持抗战的情形，再联想到延安《解放日报》上《没有共产党就没有中国》的社论，激情澎湃，提笔在纸上写下："没有共产党就没有中国"。由此，一首新歌的题目诞生了。

思绪中，一幅幅战斗的画面激荡着曹火星，也化作歌词从笔端倾泻而出："没有共产党就没有中国……他建设了敌后根据地，他实行了民主好处多……"

曹火星先是在村里教儿童团、村剧团唱。渐渐地，这首歌飞出了堂上村，飞出了平西根据地，后来随着解放大军南下的步伐，传遍了全中国。

新中国成立后不久的一天，毛泽东在中南海听到女儿李讷正唱着"没有共产党就没有中国"，当即提出这句歌词不科学、不准确，应该在"中国"前面加一个"新"字，即"没有共产党就没有新中国"，这样才符合历史事实。从此，《没有共产党就没有新中国》这首歌流传至今、经久不衰。

【评价】以小组为单位汇报交流本组活动情况，非汇报小组的学生边听汇报边做评价，小组汇报完后，参与听众提问（见表2-13）。

表2-13　评价量表

评价指标	优	良	合格
文案主题明确			
文案整体思路清晰			
文案有较高的可操作性			
文案有较强的说服力			

【反思】在这个环节中，教师要引导学生选择一种合适的表现形式作为项目的最终产品，可以是PPT、短视频、宣传文案等等，不论是哪一种都要体现出《没有共产党就没有新中国》这首歌的灵魂所在，既包含了对中国共产党的歌颂，也表现了对于国家的热爱。而产品所需要传递出去的同样是爱党爱国之心，在展示环节中应更加关注学生本身的情感是否充沛，是否在此项目实施过程中使家国情怀有一定的升华，正所谓只有先感动自己，才能感动他人。

（三）项目实施的效果与反思

1. 实施的效果

（1）落实了国家课程标准，培养了学生的学科核心素养。在项目实施过程中，以义务教育课程标准和教材为依据，学生通过搜集《没有共产党就没有新中国》歌曲的相关资料，独自完成了梳理筛选史实的任务，提升了时空观念、史料实证、家国情怀等素养。

（2）体现以学生为主体的教与学。新课程改革推崇"以生为本"的课堂理念，关注学生学习的过程，打造生本课堂。此项目给我们提供了一个很好的路径，教师通过确定正确的活动目标，选择科学的活动方式，创设合理的活动情景，引导学生积极进行活动评价，深刻领会活动本质。学生经过活动的全过程所形成的成果是一种有生命之根，有来路可寻，有个性火花，有反思自省的思维提升，还有在这一过程中爱家乡、爱祖国、爱中国共产党的情感提升。

（3）提高学生的高阶思维能力。在此项目学习中，面对真实、有挑战性的问题，学生需要分析问题、构思解决问题的方案，并在不断探究和验证中来解决问题。这些都非常考验学生的问题解决、决策、批判等能力。国内外的研究和实践表明，项目式学习可以提高学生的学习动力，培养学生批判性思维、问题解决等高阶思维能力。

2. 实施的反思

（1）改变了学生到爱国主义教育基地开展实践活动的方式，将被动的接受改为主动的探究，并将宣传爱国主义教育基地的重任交付在学生身上，提升了他们的使命感。所以在完成项目的过程中，学生是带着情怀在进行探究，使得整个项目不仅是一项任务，更是一种感情的升华，感情最后凝结在策划书中，在参与项目的学生心中，"没有共产党就没有新中国"已然成为了他们心中的"网红打卡地"。

（2）帮助学生重新认识了何为"网红"，在当今社会"网红"一词得到青少年的追捧，但往往学生不能将其与爱国相联系在一起，通过此项目，有助于帮助学生树立正确的世界观、人生观、价值观、爱国主义教育基地要勇于打造"网红"属性，传播爱国主义无穷"流量"，这是当今青少年应有的正能量。

（四）项目特色评析

1. 乡土资源是历史教学的重要资源，乡土课程内容贴近学生生活实际，如中学生对"网红打卡地"这一网络用语相当熟悉，但是如何将爱国主义教育基地打造成"网红打卡地"，是他们从未想过的事情，通过此项目使学生对抽象知识的学习获得更多的感性支持，这对提高学生学习兴趣与学习效率也有实际意义；而真实生活中的因果关系是很复杂的，这对改变学生的学习方式，培养其发现问题、解决问题的能力有切实的帮助。

2. 此项目的产品为将"没有共产党就没有新中国纪念馆"打造成"网红打卡地"的策划方案，而各组的方案经修改打磨后，可应用到实际生活中，将产生一定的社会影响力，对于宣传爱国主义教育基地有着巨大的推动力。

案例 2 初中地理

项目名称 房山区长阳镇的土地利用调研

案例提供 北京市房山区北京十二中朗悦学校 张婷婷

（一）项目的提出

《义务教育地理课程标准 2022 年版》（以下简称"课标"）课程目标要求"学生能够初步掌握地理实验、社会调查、野外考察等地理实践活动的基本方法，能够在真实环境下，运用所学知识和地理工具，通过地理实践活动，观察和感悟地理环境及人们生产生活的状态，尝试解决实际地理问题，增强信息运用、实践操作等行动力；能够养成在实践活动中乐于合作、勇于克服困难等品质"。地理学科核心素养的养成要求学生具备人地协调观、综合思维、区域认知和地理实践力，能够从地理的视角观察和认识地理环境，体验和感悟人地关系，并在活动中做到知行合一。实现地理素养的提升、发展仅仅依靠课内学习的知识还不够，还应当在社会调查、野外考察等地理实践活动中实现能力的提升。

在"认识家乡"课标要求学生能够举例说明家乡环境及生产发展给当地居民的生活带来的影响和变化，并尝试用绿色发展理念，对家乡的发展规划提出合理建议，增强热爱家乡、建设家乡的意识。此外在教学提示中，建议教师利用现代信息技术，为学生提供直观、生动、便捷的学习资源。随着信息技术的发展，地理课堂教学已经呈现出新的变化，如地理信息系统（GIS）走进课堂辅助教学。运用 GIS 辅助地理教学，尤其是在认识家乡的学习中，能够改变乡土地理资料的呈现方式，其最大的优势是实现乡土资源的可视化，创造生动的课堂情境，更易于激发学生兴趣，降低教学难度。本案例即以运用地理信息系统开展房山区长阳镇土地利用变化探究为例，研究项目是学习活动在乡土地理课程中的应用。

北京十二中朗悦学校位于北京市房山区长阳镇阜盛东街，学校 2015 年建校，建校时学校周边比较空旷。随着城市发展及城镇化水平不断提高，学校周边地区土地利用现状随之发生较大变化，建筑用地、商业用地面积不断扩大，并且城镇用地的空间拓展速度逐渐加快。放观整个长阳镇，城市化进程更加明显。长阳镇地处房山区东部，北临丰台，地处永定河下游西岸，东为永定河滩，西为小清河滩，中为稻田岗坡，地势北高南低，有耕地面积6393亩，人均0.2亩。镇域面积91.3平方千米。随着城镇化的发展、城市的扩张，大量土地转化为城市建设用地，学校周边原来的耕地上建起了一座座住宅和商场，因此镇域居民忧虑城市化进程导致耕地资源的大量流失，加剧原本就紧张的耕地供需矛盾。

基于以上，我们立足学生所在学校周边的现实情况，制定了基于地理信息系统的房山区长阳镇土地利用调研项目化学习，对学生、家长及居民所担忧的家乡土地利用现状问题进行调查，并为长阳镇未来发展建言献策。

（二）项目的设计与实施

1. 整体设计思路

对房山区长阳镇的土地利用进行调研，以学生经验为出发点，学生自主、探究性学习贯穿始终。此项目学习活动选取学生熟悉的家乡环境为研究案例，指导学生进行房山区长阳镇土地利用类型的考察、调查等实践活动。课上将各组考察与调查的资料进行交流、分享，师生共同归纳、概括，得出初步结论，形成共识，最后将结论应用到实践中。这一过程充分体现学生为主体，调动学生参与的积极性，提高学生获取信息、分析问题和解决问题的能力，增加对家乡的了解与乡土情感，激发建设家乡的责任感。

关注房山区长阳镇土地利用的时空变化，体现地理学科"时空"观念，培养学生人地协调观素养。

时间和空间是学生学习活动的两条线索。学生以空间线为线索，主要体现在考察、调查房山区长阳镇土地利用类型的空间分布特征及考察线状、面状图例的分析中；以时间线为线索，主要考察、调查房山区长阳镇不同土地利用类型下城镇功能区及空间规模的变化，以及变化所体现出来的人口数量和景观的变化等。

本项目适用于7至9年级学生，时长4周，共6课时。项目流程如图2-4所示。

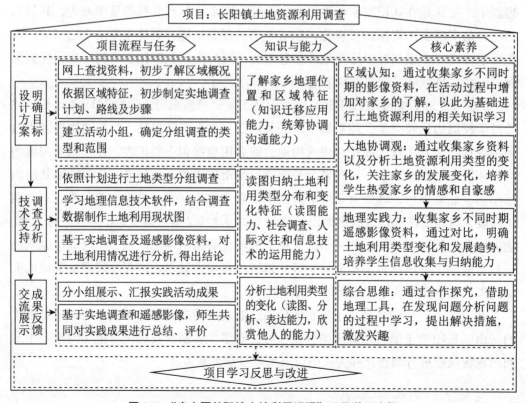

图2-4 "房山区长阳镇土地利用调研"项目学习流程

2.项目学习方案

（1）学习目标

依据课标"认识家乡"要求确定项目式学习的主题，依据课标"地理实践"及"地理工具"要求确定项目式学习的方法。即借助地理信息系统的功能，通过实地调查、考察，了解家乡的土地利用类型现状及变化，归纳家乡的土地利用特征，举例说明家乡环境及生产发展给居民生活带来的影响和变化，并尝试用绿色发展理念，对家乡的发展规划提出合理建议，增强热爱家乡、建设家乡的意识。

（2）学习活动实施

【课前探究】

请同学们利用课余时间，结合自身经历或进行地理调查和走访，思考以下问题：①近些年来，我们学校周边发生了哪些变化？例如交通线路、商业用地、绿化面积以及其他，简单绘制学校周边土地利用类型分布图，不同颜色表示不同的土地利用类型。②假如你是家乡发展的一名规划师，你需要了解学校周边土地利用类型，你会采取什么方法？如何了解房山区长阳镇的土地利用类型呢？

【学习过程】

教师启发与讲解：明确目标，明晰方法

教师介绍土地利用类型的划分，提出下列问题供学生思考：①地理实践的方法包括哪些？②调查区域的尺度大小如何？尺度大小对调查方法的选择是否有影响？③考察路线如何设计？还可以去哪些部门进行考察？④重点考察哪些内容？⑤考察过程需要记录哪些信息？如何记录？……

教师启发学生思考并展开讨论，围绕"为什么"到"做什么"再到"怎么做"层层追问，引导学生思考调查的目的、工具、方法和思路，并在调查过程中不断发现、探究和解决问题。过程中引出地理信息技术在土地利用调查方面的实际应用，介绍软件，演示其专题地图、图层叠加、三维可视化功能。结合所需地图和数据资料，制作土地利用专题地图，分析土地利用变化情况。

任务一　制定房山区长阳镇土地利用调查计划

首先，教师引导学生借助网络及 GIS 谷歌地球定位、地图漫游功能查找关于房山区长阳镇的地理位置、行政范围、构成等，初步了解房山区长阳镇的概况，根据房山区长阳镇特征，制定土地利用类型实地调查计划、路线和方案。学生分组研讨，根据教师启发及搜集的资料梳理调查方案的基本思路并达成共识：通过以考察、调查、走访相关部门等实践方法为主，确定调查对象为房山区长阳镇，通过拍照、录音、文字记录、图表呈现等方式和方法对调查结果进行记录，辅以地理信息系统，通过对收集的信息进行整理，得出初步结论。调查表设计如表2-14。

表 2-14　房山区长阳镇土地利用变化调查表

土地利用类型	面积（单位：亩）			变化趋势	初步结论
	2002 年	2012 年	2022 年		
耕地					
林地					
工业用地					
商业用地					
水域面积					

任务二　构建分组，开展调查

确定调查计划后，学生自由组合，将全班分为 4 组，对房山区长阳镇下辖 24 个社区和 36 个行政村的土地利用类型进行调查，并由组长进行分工。除实地走访外，各组分别到房山区图书馆查阅土地利用方面的统计年鉴和书籍，到房山区发展改革委、规划局、镇政府等政府网站搜集土地利用方面的政策及发展规划，获取不同时期房山区长阳镇土地利用类型的数据、图像资料等并做好记录。走访群众并到重点考察点进行验证。每组调查完成后，进行组内汇总交流，整理无误后将调查资料和信息与其他组进行分享，共同讨论，并对存疑数据进行二次核验，尽量保证数据准确性。

任务三　使用 GIS 软件制作专题地图，分析土地利用变化情况

在教师的引导下，利用教师提前从 GlobeLand30（全球 30 米地表覆盖）和地理空间数据云等网站获取的矢量数据资料，对房山区长阳镇土地利用数据进行空间分析，制作土地利用专题地图；加载 2010 年、2015 年、2020 年房山区长阳镇土地利用数据制作专题地图。借助软件计算房山区长阳镇不同年份土地利用类型的面积，将计算结果与前期调查的基础数据进行整理，对前期提出的假设进行分析，探讨近年来房山区长阳镇土地利用类型的变化及成因。通过上机实践，加深对软件功能的理解，掌握基本功能的操作与应用，培养通过实地调查提炼数据的能力、借助信息技术解决实际问题的能力，提升了地理实践力。

任务四　撰写房山区长阳镇土地利用调查报告，为家乡发展建言献策

通过调查和数据分析，对房山区长阳镇土地利用过程中可能存在的问题进行分析，通过小组合作探讨对策提出建议，并论证其合理性，为家乡土地资源的合理利用提出可行性建议，撰写调查报告。在此基础上，小组成员通过合理规划工商业用地，保留一定规模的林地和水域，以"我心目中的未来家乡"为题设计出理想家乡的土地规划图，并撰写设计思路说明。

【成果汇报与交流】

各组将调查的数据、图片、文字及录音文件汇总，结合小组学习过程，生成《房山区长阳镇土地利用调研报告》，通过演示文稿或视频剪辑的方式进行汇报。汇报过程要按时间线索涵盖计划的制定、走访调查、软件操作及得出结论的过程，在

阐述各环节中面临的问题及解决对策同时，重点体现各组是如何借助地理信息系统分析房山区长阳镇土地利用类型的，介绍分析的主要结论，展示本组"我心目中的未来家乡"规划图，简要说明设计思路，为家乡发展建言献策。小组成员交流此次学习过程中的感受和收获。每组汇报时指定一名主发言人，一名补充发言人，每组汇报时间为 8 到 10 分钟。结合评价量表完成评价。评价表见表 2-15。

表 2-15　房山区长阳镇土地利用项目式学习评价表

评价指标	评价等级			自评	互评	师评
	1分	2～3分	4～5分			
计划制定与说明	计划有较多瑕疵，科学性不强，缺乏说明	计划有一定科学性，但实践性不强，有注意事项说明	计划有较强的科学性、实践性，有详细的计划说明			
走访调查与记录	没有真实地进行调查，或调查的数据具有明显的不合理性	通过一些手段进行数据收集，但方式较为单一，数据比较准确合理	真实地通过网络、走访相关部门等多种方式收集数据，采集信息，数据信息科学合理			
软件操作及分析	不了解软件基本功能，不会应用软件生成专题地图	了解软件基本功能，能够运用软件进行数据分析，基本能够生成专题地图，形成一定认知	操作流畅准确，应用得当，能够借助软件进行数据分析和生成专题地图，分析客观、准确			
成果梳理与总结	内容较少，成果单一，缺乏分析和提炼	对调查内容进行适当梳理和分析，多数情况下直接展示资料	将调查内容进行良好的梳理，同时紧密围绕核心问题呈现多种结论和观点			
成果汇报与展示	展示不完整，过程不够清晰，方式单一传统	展示比较完整，方式比较多样，内容比较丰富	展示过程有条理，阐述清晰，方式多样，内容丰富且简明扼要，富有创造性			

在汇报过程中，学生肯定了长阳镇近几年发展迅速，但也指出长阳镇土地利用存在耕地流失的现象，结合数据资料分析了土地流失的大致原因。针对土地流失的问题，学生强调在经济发展同时要坚守耕地保护 18 亿亩的"红线"。在实践中，严格执行土地利用的总体规划，可以通过对未利用土地进行开发或对难利用土地进行治理的形式增加土地效益。对于违反土地利用规划的情况，可以落实公告制度和举报制度，号召广大居民、群众进行监督举报，以此加强对家乡土地资源的保护，规范土地利用形式。

（三）项目实施的效果与反思

1. 实施的效果

学习的过程是师生共同成长的过程，过程中以学生为主体，教师为主导。在任务三环节中，教师在学生软件操作的基础上，通过拖动时间轴展现动态的地图供学生观察，学生能够清晰地看出通过图层叠加的方式进行教学，动态地展示房山区长阳镇土地利用类型的变化，从时间和空间两个角度，层层深入分别展示了相隔十年的三幅遥感影像图吸引了学生的眼球，并通过图层叠加的功能对土地利用类型进行操作，引发学生思考，培养学生发现问题的能力。学生通过描述类型、总结特征、分析变化、提出对策的形式加深对家乡土地利用类型变化的体验和感悟。这一环节中 GIS 软件的功能演示激发了学生兴趣，拓宽了学生的知识面，培养了学生借助地理信息系统等地理工具获取地理信息的能力，感悟信息技术的发展给生活、学习带来的便利。

在"成果汇报与交流"这一环节中，通过学生前期的调查结果及遥感影像、专题地图的对比呈现，检测了学生对土地利用类型等相关知识的掌握情况，同时训练了学生对遥感影像图的阅读能力。学生汇报时与大家交流说："从专题地图的对比中，我能清晰地看到长阳镇近十年来的发展和变化，随着经济的发展，长阳镇建设用地不断增加，绿地、水体面积较大说明城市环境不断改善……""随着城市化进程的不断加快，长阳镇耕地面积肉眼可见地减少，建筑用地的增加一定程度上占用了耕地。"

除此之外，优点还表现为：

（1）学生通过初步的调查走访和数据收集，培养了学生的地理实践力，能够加深对学习主题的认识，初步解决对遥感矢量影像图的陌生感。运用图层叠加功能分析房山区长阳镇土地利用分类，作为了解家乡土地利用类型的基础知识，有助于降低学习的难度。

（2）教师应用 GIS 辅助教学的多样形式，学生从多角度学习和认识房山区长阳镇土地利用类型及变化的相关知识，培养学生阅读地图、图表的能力，感受地理信息系统的功能的多样及强大。

（3）在"成果交流"这一环节重点体现各组是如何借助地理信息系统分析房山区长阳镇土地利用类型的，检测了学生的考察及学习的结果，并将所学知识和技能与实际生活相联系，培养了学生读图能力和地理实践力。

不足之处在于 GIS 制作地图的数据类型单一导致得到的专题地图类型单一；学习过程中对 GIS 软件的操作原理并没有过多介绍，学生只了解了软件功能的多样，能够简单进行图层叠加等，但是了解并不深入，不利于学生后续学习 GIS 软件。

2. 实施的反思

（1）GIS 绘制地图的过程较为复杂，过多介绍制图过程将会增加学习难度。所以重点应放在 GIS 的三维可视化及图层叠加功能的展示上，能够给学生强烈的视觉冲击，吸引学生注意力。本节课借助地理信息系统将大大降低教学难度，激发学生学习兴趣。

（2）将前期学生收集到的乡土地理数据进行数字化和可视化，这些数字化和可视化成果中包含了学生自己的劳动成果，因此能够激发学生的积极性。此外学生对收集到的数据有所了解，降低了学生对可视化成果和数字化成果分析的难度。

（3）学生在家乡土地利用类型资料的收集过程中能够培养实践力，同时也能收获知识，在课上探讨自己收集到的成果，能够提高学生学习积极性。运用乡土地理教学，如果只用专题地图和数据进行教学，会稍显枯燥，也可适当加入景观图片和文字案例辅助教学。

（四）项目特色评析

1.地理工具的应用贯穿整个学习过程

项目式学习过程中，地理工具的应用始终贯穿其中。如纸质版地图、电子地图、遥感技术、地理信息系统等。以地理信息技术的应用为例，借助 ArcGIS 谷歌地球定位、地图漫游功能调取房山区长阳镇地理位置信息；借助属性信息可视化表达及三维可视化功能展示房山区长阳镇地形地势特征；借助图层叠加、专题地图功能对房山区长阳镇水文水系、农牧业分布、工业分布、交通线、城市建设用地等信息进行呈现和分析。在实施过程中，学生操作软件，对 GIS 软件能有进一步的理解，有利于今后地理信息系统在地理教学中的渗透，培养了学生获取地理信息、发现和提出地理问题的能力，能够锻炼学生在特定的地理环境中，制定合理的方案以及运用现代技术解决实际问题的能力。

2.利用多种形式展开调研提升地理实践力

学生在资料收集过程中采取走访、调查、考察、查阅、整理、拍摄、记录等多种形式展开调研，在成果生成与展示过程中，学生经历了总结、分析、讨论、录制，设计、想象、撰写、表达等形式梳理调研成果。制定计划、实地调查、分析数据、得出结论、提出对策等环节需要学生亲身设计并实践，学生学习方式从被动听讲转变为主动实践，既锻炼了学生综合思维，提升了学习的主动性，同时也培养了学生地理实践力。

3.立足家乡发展点燃学生热爱家乡之情

房山区长阳镇土地利用的调研与学生的学习、生活息息相关，本次调研密切联系学生生活实际，选取学校所在区域及学生熟悉的家乡为案例，能够激发学生的兴趣及学习的内在动力，通过调研，学生汇总数据，进行交流、分享。这一过程是学生深入认识家乡、了解家乡的过程，引导学生停下来、慢下来，认真关注我们所生活的环境，借此调动学生深入了解家乡的积极性，增加对家乡的了解与乡土情感，激发建设家乡的责任感。

二、高中学科项目式学习

案例 1　高中政治
项目名称　绘制 2035 年法治中国的宏伟画卷
案例提供　北京师范大学良乡附属中学 李淑丽

（一）项目的提出

法律是治国理政的最大、最重要的规矩，法治是国家长治久安和繁荣发展的重要保障，是社会文明进步的重要标志，是以理性方式解决社会矛盾的最佳途径，在实现中华民族伟大复兴中国梦的历史进程中，必须全面推进依法治国，建设社会主义法治国家。依法治国是我国治国理政的基本方式，通过实行法治，保障人权，维护社会和谐，实现长治久安，推进国家治理现代化。

习近平法治思想是马克思主义法治理论中国化最新成果，是顺应实现中华民族伟大复兴时代要求应运而生的重大理论创新成果，是习近平新时代中国特色社会主义思想的重要组成部分，是全面依法治国的根本遵循和行动指南。深入学习、深刻领会习近平法治思想的丰富内涵，切实把习近平法治思想贯彻落实到全面依法治国全过程。

《高中政治课程标准（2017 年版 2020 年修订）》中的"政治与法治"依法治国部分教学内容要求①阐述我国法治建设的成就，明确全面推进依法治国的总目标是建设中国特色社会主义法治体系，建设社会主义法治国家。②搜集材料，阐述科学立法、严格执法、公正司法、全民守法的基本要求。③列举事例，阐明建设法治国家、法治政府、法治社会的意义。

（二）项目的设计与实施

1.整体设计思路

本项目围绕核心驱动问题"如何实现全面推进依法治国的总目标"（如何绘制2035 年法治中国的宏伟画卷）这个问题，学生从政治学科探讨我国中华法系发展的历史、我国法治建设的实践探索、全面推进依法治国的总目标的实现等角度，依照历史——现在——未来的时间线索，勾勒出我国法治发展的清晰历程，从而促使学生更加坚定走中国特色社会主义法治道路的自信。

2.学习目标的确定

基于高中学段学生的学习特点、知识储备、能力水平、核心素养、课标要求等，确定此项目的学习目标。

表2-16 学习目标

学生发展核心素养	人文底蕴、科学精神、学会学习、责任担当、实践创新
学科素养	政治学科的核心素养：政治认同、科学精神、法治意识、公共参与
学习目标	（1）（认知）学生通过查阅相关资料，了解我国法律发展的历史；通过官方网站搜集资料梳理十八大以来我国建设法治国家、法治政府、法治社会方面的成就；绘制2035年法治中国的宏伟画卷。 （2）（能力）小组合作能力的培养、对复杂资源的整合与分析能力、学科综合能力提升等。 （3）（价值）学生在项目参与中增强法治意识和法治素养、坚定走中国特色社会主义法治道路的自信，达到政治认同；在项目实施中培养科学精神，科学认识全面推进依法治国的总目标的实现过程。

3. 项目实施过程

（1）入项活动

观看《法治中国》系列专题片，思考新时代中国特色社会主义如何全面推进依法治国。对于推进全面依法治国，习近平总书记强调：要坚定不移地走中国特色社会主义法治道路。中国的法治建设，不但要大力弘扬社会主义核心价值观，也要从源远流长的中华法系中汲取有益成分。习近平法治思想正是在此基础上创造性地继承和发展了马克思主义法治理论，坚持与时俱进，推进法治建设中国化的深入发展。党的十九届五中全会提出了到2035年基本实现社会主义现代化远景目标，其中就包括基本建成法治国家、法治政府、法治社会。法治中国的宏伟画卷，需要我们共同绘就。

（2）任务分解

①确定项目学习中的任务：主任务和主产品

表2-17 主任务和主产品

任务	产品
了解我国中华法系发展的历史	形成结构图
我国法治建设的实践探索	实践成果表
	实践活动总结报告
绘制2035年全面依法治国宏伟画卷	绘制形成蓝图表

（2）确定项目学习中的子任务：

表2-18 子任务和子成果

任务	子任务	子成果
了解我国中华法系发展的历史	查阅中华法系的发展历程	完整的资料收集
	有代表性并对今天有借鉴意义的法典介绍	法典图文资料
	总结中华法系的独特之处并形成结构图	结构图

任务	子任务	子成果
我国法治建设的实践探索	梳理新中国成立后我国法治发展的历程	形成我国法治发展历程图
	十八大以来我国全面推进依法治国成绩单	形成成绩单表（法治国家、法治政府、法治社会角度）
	学生分组实践活动体验1（模拟法庭通过具体案件的审理，感受公平正义）	实践活动总结报告1
	学生分组实践活动体验2（模拟政府执法活动，评估严格执法的效果）	实践活动总结报告2
	学生分组实践活动体验3（观看有关人大会议的录像，提出我的立法建议）	实践活动总结报告3
绘制2035年我国依法治国宏伟画卷	法治中国角度	文字资料或图示资料
	法治政府角度	文字资料或图示资料
	法治社会角度	文字资料或图示资料

（3）项目任务计划分工

项目一组：

表2-19 项目一组计划分工

学习任务	子任务	子成果	开始时间	结束时间	负责人	所需资源
了解我国中华法系发展的历史	查阅中华法系的发展历程	完整的资料收集				
	有代表性并对今天有借鉴意义的法典介绍	法典图文资料				
	总结中华法系的独特之处并形成结构图	结构图				

项目二组：

表2-20 项目二组计划分工

学习任务	子任务	子成果	开始时间	结束时间	负责人	所需资源
我国法治建设的实践探索	梳理新中国成立后我国法治发展的历程	形成我国法治发展历程图				
	十八大以来我国全面推进依法治国成绩单	形成成绩单表（法治国家、法治政府、法治社会角度）				
	学生分组实践活动体验1（模拟法庭通过具体案件的审理，感受公平正义）	实践活动总结报告1				
	学生分组实践活动体验2（模拟政府执法活动，评估严格执法的效果）	实践活动总结报告2				
	学生分组实践活动体验3（观看有关人大会议的录像，提出我的立法建议）	实践活动总结报告3				

项目三组：

表 2-21　项目三组计划分工

学习任务	子任务	子成果	开始时间	结束时间	负责人	所需资源
绘制 2035 年我国依法治国宏伟画卷	法治中国角度	文字资料或图示资料				
	法治政府角度	文字资料或图示资料				
	法治社会角度	文字资料或图示资料				

（4）项目组实施及指导

项目一组： 了解我国中华法系发展的历史

我国是一个具有五千多年文明史的古国，中华法系源远流长，并成为世界上独树一帜的法律文明，古老的中国为人类法治发展作出了重要贡献。中华法系是在我国特定历史条件下形成的，凝聚了中华民族的精神和智慧，有很多优秀的思想和理念值得我们传承。

项目一组子任务 1 可以在参考教材介绍的基础上进行丰富和拓展，需要查阅相关资料和史料、参考文献，按时间线索整理形成文字资料，并对文字资料进行筛选加工。

项目一组子任务 2 可以请教历史老师进行指导，可以搜集史料、视频资料或参观历史博物馆，选择有代表性且对今天仍有借鉴意义的法典进行介绍。

项目一组子任务 3 在前两项任务的基础上进行总结，绘制清晰的结构图，此外在阐释中华法系独特之处时可以查阅英美法系的相关资料进行比较。

项目二组： 我国法治建设的实践探索

依法治国，建设社会主义法治国家，是中国人民的主张、理念，也是中国人民的实践。在中国共产党的领导下，中国人民为争取民主、自由、平等，建设法治国家，进行了长期不懈的奋斗，逐步走上了建设社会主义法治国家的道路。这是一场由中国共产党领导的中国人民共同参与的史无前例的伟大社会实践。

项目二组子任务 1 可以参阅教材基础上进行丰富补充资料，把新中国成立后我国法治发展的历程中　些具有代表性突出的事件进行整理，可以用时间轴的方式，也可以用结构图的方式，资料内容可参阅百度百科、《法治中国》专题片等。

项目二组子任务 2 完成十八大以来我国全面推进依法治国成绩单，十八大以来我国的法律制度不断健全，法治政府建设成效显著，我国法治社会建设迈入新阶段。可从法治国家、法治政府、法治社会角度梳理十八大以来我国法治建设的成绩，并整理形成成绩单表。资料梳理可以查询政府网站、人民网等。

项目二组子任务 3 可登录中国庭审公开网、中国裁判文书网、中国执行信息公开网等网站资源，选择一个案例进行观看，模拟案件庭审过程，体会司法公正，伸张正义的过程。结合案例探究司法公正的意义和价值，以及体现公正司法的制度和措施形成报告总结。

项目二组子任务 4 可参观行政服务机构，了解政府部门的办事程序，模拟政府执法活动，评估严格执法的效果，体会严格执法的意义。

项目二组子任务 5 观看有关人大会议的录像，提出我国的立法建议，探究推进科学立法、民主立法、依法立法，以良法促进发展、保障善治的意义。

项目三组： 绘制 2035 年我国依法治国宏伟画卷

习近平法治思想蕴含着深远战略思维、鲜明政治导向、强烈历史担当、真挚为民情怀，以强大真理力量、独特思想魅力和巨大实践伟力，为奋力开启法治中国建设新征程提供了强大思想武器，在中华大地描绘出新时代法治中国建设的壮阔蓝图。十三届全国人大四次会议表决通过的《中华人民共和国国民经济和社会发展第十四个五年规划和 2035 年远景目标纲要》，特别专辟"全面推进依法治国"一章，彰显了法治在全面建设社会主义现代化国家新征程中的重要地位。"法者，治之端也"，法治是国家治理的一次深刻变革，中国特色社会主义实践向前推进一步，法治建设就要跟进一步。

《法治中国建设规划（2020—2025 年）》《法治社会建设实施纲要（2020—2025 年）》《法治政府建设实施纲要（2021—2025 年）》密集出炉，至此形成了法治中国建设"一规划两纲要"的顶层设计，确立了"十四五"时期法治中国建设的总蓝图、路线图、施工图，一幅更加恢宏的法治画卷铺展在人们眼前。

项目三组可查阅《中华人民共和国国民经济和社会发展第十四个五年规划和 2035 年远景目标纲要》《法治中国建设规划（2020—2025 年）》《法治社会建设实施纲要（2020—2025 年）》《法治政府建设实施纲要（2021—2025 年）》等系列内容，绘制 2035 年我国依法治国宏伟画卷。

（三）项目实施的效果与反思

1. 实施的效果

（1）主任务与子任务的分解与实施。实施的效果关键在于项目中主任务与子任务内容的确定，需要教师反复思考，需要与项目组负责人进行反复研讨、交流与沟通，最终明确项目学习的主任务与子任务。本项目在初期阶段用了很长时间进行任务的分解与梳理，使后期实施中项目组成员能够顺利进行任务，并形成相应的产品成果。

（2）产品成果的形成及项目目标的达成。产品成果要求在项目结束时，学生制作完成一个相关的产品成果。项目式学习不只是要做一个产品，还要明确产品背后要达成的目标是什么，以及为什么要以这种形式制作产品。如果不弄清这个问题，那么很多人就会将重心放在制作产品上，而忽视了项目式学习本身的价值和意义。

每一个产品背后却隐藏着无数思维的碰撞、艰难的抉择、团队的合作以及对项目目标的回应。本项目通过完成制作产品成果，学生们了解了中华法系的法治历程、更容易理解中华法系的源远流长以及对今天的借鉴意义，学生通过法治建设实践探索过程，清晰了我国法治建设的突出成就，通过绘制 2035 年法治中国画卷，深入学习习近平法治思想等。在这一过程中也锻炼了学生搜集与筛选信息、创造性思维、小组合作等能力，很好地实现了项目目标。

2. 实施的反思

（1）共同参与共同成长。项目式学习的设计与实施是教师与学生共同参与的过程，教师与学生共同亲历课程设计，共同参与课程实践，通过整合社会资源与政治学科课程内容，建立起学习目标与学习内容的密切关联，让社会资源真正介入到课程设计之中，从而实现培育学生政治学科核心素养的目标，在这个过程中，教师获得专业法治，学生收获学习成果，双方共同成长。

（2）提供更多沉浸体验。沉浸体验在积极心理学领域是指：当人们在进行活动时如果完全投入情境当中，注意力专注，并且过滤掉所有不相关的知觉，即进入沉浸状态。本项目中学生通过模拟法庭、模拟政府执法、参与立法活动等体验，分别扮演不同主体角色，感知作为国家公职人员如何依法行使权力、履行责任，作为公民如何依法行使权利、履行义务，体会立法机关科学立法、法治政府严格执法、司法机关公正司法的价值和意义。

（四）项目特色评析

1. 系统思维的培养

系统思维要求我们对整体，而不是单独的部分进行深入的思考和有效的把握，这样才能使整个系统有条不紊地运行下去。项目式学习的开展体现着系统思维的过程。要想完成一个项目，学生必须考虑很多方面的问题，如整体的探究计划、小组如何分工合作、需要调动哪些学科知识、怎样一步一步去实施、最终要做出一个什么形式的产品等。这样的系统思维有助于培养学生非定式的复杂思维能力。

本项目就是系统思维得到充分应用的一个案例。该项目让学生运用系统思维，从我国法治发展的历史、现在和未来三方面入手，整合大量资源和学科知识，形成一个学习主题，从而防止了知识之间的割裂，避免学生只学习到一些零散的知识点。通过这样一个项目，学生不仅学习到了我国中华法系的发展历程、法治国家、法治社会、法治政府等知识，而且明白了这些知识在整个依法治国体系中处于什么位置，以及学习这些知识到底有什么用。这样，既可以帮助学生构建一个系统的知识体系，同时也可以帮助他们建立从时事视野分析问题的框架和思路，培养他们的系统思维。

此外，教师在对该项目进行反思时发现，必须运用系统思维来进行项目设计，否则很有可能出现没有按照预期完成任务的情况。

2. 时事资源的挖掘

思想是行动的先导。要培养和提升学生公共参与能力，必须先使学生产生主动参与公共事务的意识。在项目实施中，学生通过多种媒体、相关网站资源等关心时事政治，关注社会热点问题，学生主动收集时事热点，运用所学知识进行观察、分析和评价，不但增强了对社会现象的观察意识，提升了对热点事件的总结反思能力，而且培养了对社会问题的情感态度和价值观，逐渐认识、理解、懂得公共参与的必要性和重要性，从而激发学生主动参与公共事务的意识。通过时事热点的关注与互动交流，不仅能够提高学生的公共参与意识，而且有助于提升学生公共参与的能力。

案例 2 高中地理
项目名称 论证房山区交通运输布局与区域发展的关系
案例提供 北京市房山区坨里中学 赵兴媛

（一）项目的提出

北京城市总体规划（2016—2035）中赋予北京房山区"三区一节点"的新定位，即首都西南部重点生态保育及区域生态治理协作区；京津冀区域京保石发展轴上的重要节点；科技金融创新转型发展示范区；历史文化和地质遗迹相融合的国际旅游休闲区。在京津冀一体化背景下，房山区正加快融入京津冀地区，大力推进区域交通一体化，加强与其他区域联系。

基于房山区的新定位，房山区交通运输布局与区域发展的关系如何？作为房山区的学生，有必要了解家乡近几十年来交通运输发生了哪些变化？为什么变化？以及这些变化给房山区带来了哪些影响？目前房山区的交通运输布局现状如何？依据房山区经济的发展，如何规划未来房山区交通运输的布局？以家乡为情境开展学科项目式学习，带着问题，能激发学生参与的热情，增强学习动机，也能落实地理学科核心素养的培养。

（二）项目的设计与实施

1. 设计框架思路

基于实践探究，深入分析、解决地理问题，提升学生思维水平，落实地理核心素养。图2-5为本项目学习设计的思路。

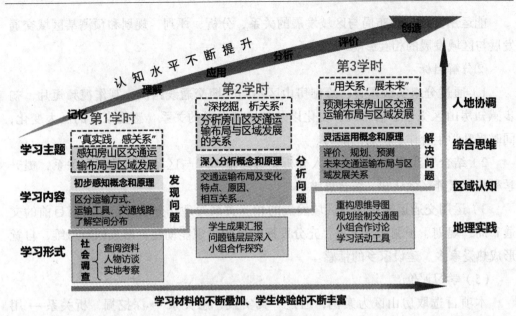

图 2-5　项目设计思路

（1）对应课标

高中地理必修 2 的课程标准：2.6 结合实例，说明运输方式和交通布局与区域发展的关系。

（2）核心问题

交通运输布局与区域发展是如何相互影响的？

分解问题任务：

任务一 真实践，感关系——实践调查房山区交通运输布局与区域发展

任务二 深挖掘，析关系——分析房山区交通运输布局与区域发展的关系

任务三 用关系，展未来——预测未来房山区交通运输布局与区域发展

（3）主题内容

依据高中地理课标和教材，确定项目主题为：交通运输布局与区域发展的关系。交通运输是拉动区域经济社会文化发展的"先行官"，起着重要的纽带作用，能促进工业、农业、商业、旅游业等其他生产活动各环节的流通，还能加强区域联系。因此合理的布局能促进区域发展，反之交通运输布局若不能满足区域发展所产生的需求，则会成为"瓶颈"，制约区域发展。反过来，区域经济发展为交通运输提供了动力和保障，决定交通运输布局的发展水平，促进或制约区域发展。随着区域的不断发展，交通运输布局也在不断优化和完善中，以获得最大的经济效益和社会效益。本项目的核心是在人类生产活动空间分布基础上结合区域特征，说明二者是如何相互促进、相互制约的。

（4）学习目标

①总目标

能运用交通运输布局与区域发展的关系，分析、评判、规划和预测某区域交通发展与区域发展的相互影响。

②分解目标

1）通过分组实践调查，绘制房山区不同时期交通线路图，制作视频短片，初步感知房山区交通运输布局、变化以及与区域发展的关系，感受家乡的巨大变化，同时提升学生合作、沟通的能力。

2）结合实践调查结果，深入分析交通运输布局与区域发展的相互关系，提升学科核心素养区域认知、综合思维。

3）运用交通运输布局与区域发展的相互关系原理，分组评价房山区目前的交通布局，规划、预测未来发展，充分发挥学生的主观能动性，形成创新思维，自觉形成热爱家乡、建设家乡的情感。

（5）学习评价

本项目选取房山区为案例，通过"真实践，感关系→深挖掘，析关系→用关系，展未来"三个主环节设计学生活动，基于地理实践调查初步感知房山区交通布局与区域发展关系，再深入分析背后的原理规律，最后迁移应用解决房山区发展中的实际问题，预测房山区未来发展。依据学习目标设计的学生活动评价（见表2-22）项目的结果性评价，是对区域交通运输布局与区域发展关系，学生理解和迁移应用水平的评价，评价标准指向目标的达成。

表2-22　学生活动评价项目

评价目标	评价维度	关键表现		
		水平1	水平2	水平3
能开展地理实践调查，感知某区域交通运输布局与区域发展的关系	提出问题	借助他人帮助，提出与某区域交通运输布局与区域发展有关的问题。	能独立提出比较符合实际、比较有创新的问题。	能独立提出符合实际、新颖、有创造力的问题。
	设计方案	借助他人帮助，能设计内容较完整、目的较明确的方案。	与他人合作，能设计内容完整、目的明确、可操作的方案。	与他人合作能设计内容清晰、目的明确、安排合理、可操作性高、有创新的方案。
	实施调查	借助他人帮助，能选择一种恰当的调查方式收集与交通运输布局有关的地理信息。	借助他人帮助，能选择一种或两种调查方式收集地理信息，在调查过程中能听取不同想法，及时调整方案，表现合作、求真的态度。	与小组合作，能选择多种调查方式获取地理信息，准确筛选出有用信息，能独立思考、提出问题、表达观点，表现求真求实的科学态度。
	总结成果	借助他人帮助，对获取的地理信息进行简要分析。	借助他人帮助，对获取的地理信息进行较准确的处理，得到有代表性的资料。	与小组合作，能准确处理信息，得到反映某区域交通运输布局与区域发展的图文或影像资料。

评价目标	评价维度	关键表现		
		水平 1	水平 2	水平 3
能分析某区域交通运输布局与区域发展关系	汇报成果	能从反映交通运输布局与区域发展的某一个角度进行汇报。	能从两个角度进行汇报，调查成果较典型，能引发一定思考。	能从多个方面进行汇报，调查成果丰富多样、典型有创新、能提出新问题。
	建构联系	能从单一角度描述某区域交通运输布局和变化特点；只能从单一要素分析原因。	能从运输方式、线路数量等较多角度，比较准确地描述交通运输布局和变化特点；能从区位因素角度简要分析原因。	能从运输方式、等级、线路数量、密度等多个角度，全面而准确地描述交通运输布局和变化特点，能归纳方法；能从多个区位因素全面分析原因。
		能说出交通运输布局在哪些方面影响区域发展。	能结合具体材料，从区域自身社会经济文化角度分析交通运输布局对区域发展的影响。	能结合具体材料，从区域社会经济文化和区域联系两个角度分析交通运输布局对区域发展的影响。
	说明关系	能说出交通运输布局与区域发展的相互促进关系。	能结合具体区域，从空间和时间说明交通运输布局与区域发展的相互促进关系。	能结合具体区域，从空间和时间说明交通运输布局与区域发展相互促进、相互制约关系。
能运用原理预测未来某区域交通运输布局与区域发展	评价布局	能从优势或不足一个角度说出某区域交通运输布局的状况。	能从优势和不足两个角度，评价某区域交通运输的布局状况，观点比较切合实际。	能从优势和不足两个角度，全面评价某区域交通运输布局状况，观点切合实际、理由独特有见解。
	规划线路	借助他人帮助，能规划未来某区域的交通线路。	借助他人帮助，能规划并绘制布局合理的交通线路，理由阐述比较清晰。	与他人合作，能规划并绘制布局合理、符合实际的交通线路，理由阐述清晰。
	预测发展	能说出规划线路对未来某区域的影响。	能较熟练运用所学，从多个角度较准确地说出绘制线路对未来某区域的影响，理由较充分。	能熟练运用所学内容，从多个角度全面而准确地，说出绘制线路对未来某区域的影响，理由充分。

2. 解决问题的过程

任务一　实践调查绘制不同时期房山区主要交通线路图、制作视频短片

（1）征集问题。通过腾讯问卷征集学生想要调查的问题，筛选出房山区发展历程、布局变化及影响、轨道交通发展这些方面的问题。

（2）组建小组。学生自由选择感兴趣的问题，组建查阅资料组、人物访谈组、实地考察组。

（3）设计方案。各组根据所选问题设计具体的、可操作性的调查方案。

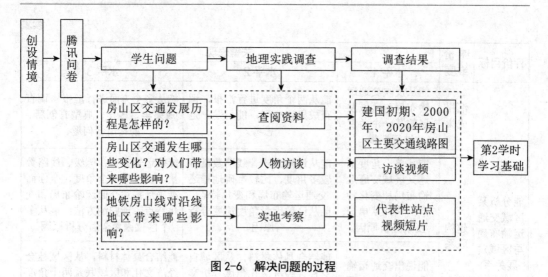

图 2-6 解决问题的过程

表 2-23 评价等级与标准

评价维度	权重	评价等级与标准		
		优秀	良好	合格
准备阶段	5	主动完成问卷调查，能提出创新性问题	主动完成问卷调查，提出一般性问题	同伴提醒下完成问卷调查，不能提出问题
实施阶段	10	能积极主动参与到查阅资料组／人物访谈组／实地考察组的社会调查中；多渠道查询和搜集房山区交通相关资料	能积极主动参与查阅资料组／人物访谈组／实地考察组的社会调查中，只能通过单一途径搜集资料	小组成员提醒能参与到查阅资料组／人物访谈组／实地考察组的调查中，求助同学搜集资料的途径
总结展示	10	能准确筛选、整合有用的信息，准确无误地绘制房山区主要交通线路示意图／独立制作视频短片	在同伴或老师协助下准确筛选、整合有用信息，绘制示意图／协助下制作视频短片	不能筛选、整合有用的信息，绘制的示意图需要多次修正才能完成／协助下制作视频短片
情感态度	5	能真切感受到房山区交通今昔变化，热爱家乡情感显著提升	能感受到房山区交通今昔变化，热爱家乡情感有提升	能感受到房山区交通今昔变化，热爱家乡情感提升不明显

（4）学习评价。针对任务一，制定了学习目标评价量表。

（5）反思改进。基于腾讯问卷了解学生问题需求，确定调查问题，突出学生主体地位。通过分组查阅、访谈、实地考察三种实践调查形式感知家乡变化，培养学生爱家乡的乡土情怀。通过多渠道对主要交通线路出现时间、用途进行精确考证，绘制示意图并进行修订得到最终成果，为后面的深入分析打好基础。

表 2-24　评价等级与标准

评价维度	评价等级与标准		
	优秀	良好	合格
交通运输布局	·能从运输方式、等级、线路数量、密度等方面准确而全面地描述房山区交通运输布局特点和变化特点，并能独立归纳方法； ·能快速全面地说出影响交通运输布局的因素，并能准确分析每一个要素。	·能从较多方面描述房山区交通布局特点和变化特点，不能独立归纳方法； ·能快速全面地说出影响交通运输布局的因素，只能分析其中几个因素。	·只能从单一方面描述房山区交通布局特点和变化特点，教师引导后能全面描述，不能独立归纳方法； ·只能说出几个影响因素，教师引导下能理解其他因素。
交通运输布局与区域发展的关系	·能结合视频短片中具体信息从区域社会经济文化和区域联系两个角度全面分析交通运输布局对区域发展的影响； ·能举例说明交通运输布局与区域发展是相互促进相互制约的。	·能结合视频短片中，只能从社会经济文化角度分析交通运输布局对区域发展的影响； ·能举例说明交通运输布局与区域发展是相互促进相互制约的。	·不能结合视频短片分析交通运输布局对区域发展的影响； ·不能阐述交通运输布局与区域发展的关系，教师引导后能理解。

学生只查阅了房山区主要的交通线路，实际上房山区的交通路网远比这要复杂，引导学生调查自己所在乡镇的交通线路及与其他乡镇联系的线路。学生绘制路线图准确性较低，后期可借助计算机软件对学生成果地图进行精确修正，提升学生的地理信息技术能力。

任务二　基于地理实践调查结果，分析房山区交通运输布局与区域发展关系

（1）展示交流成果

①各小组分享调查结果。如地铁房山线、京周路等对房山区内部和对外联系的作用。

播放视频：学生访谈家长视频，京周路改造升级资料

实地考察视频：轨道房山线开通对沿线地区带来哪些影响？

②小组汇报展示三个时期出现的主要交通线路，一是建国初期房山区主要交通线路图；二是 21 世纪初房山区主要交通线路图；三是 2020 年房山区主要交通线路图。解决三方面的问题：绘制了三张不同时期房山区主要交通线路图，对比分析房山区交通运输布局发生了哪些变化？说明了 2020 年房山区交通运输布局的特点。分析影响房山区交通运输布局的主要因素。

（2）总结提升

阐明交通运输布局与区域发展的关系。

出示：①房山区三个时期交通线路图；②房山区三个时期产业结构图。

总结：借助房山区产业结构变化图说明区域发展与交通运输布局的相互关系：

交通运输是基础和纽带，区域发展是动力和保障，二者是相互促进，相互制约的关系。交通运输布局的变化使得交通运输布局逐渐优化和完善，最终获得最大的经济效益和社会效益。

（3）学习评价

①基于目标达成的过程性评价。

②小组成果展示评价表

表 2-25　小组成果展示评价表

汇报组：			汇报主题：		
汇报人：			评价者组别：		
一级指标	二级指标	分值	小组自评	小组互评	教师评价
汇报内容	内容完整，条理清晰	10			
	突出了调查主题内容	10			
	观点明确，有一定创造性	10			
成果制作	体现所选调查主题	10			
	成果新颖独特	10			
	能与现代多媒体手段结合	10			
	能体现小组合作完成	10			
汇报者表现	声音洪亮	10			
	表达清晰	10			
	体现与其他学生互动	10			
总计		100			
最终得分：					

（4）反思改进

①反思。基于地理实践调查成果设计层层递进的问题链，环环相扣的问题环节中是促使学习目标达成的关键，学生认知从感性上升到理性、从初级水平上升到高级水平，最终学生能从时间和空间视角下分析交通运输布局与区域发展是如何相互影响的。

小组合作学习有明确的活动要求，从独立思考、同伴交流、小组讨论、展示成果都保证每位学生有事可做，保证全员参与。

②改进。难以保证每个环节所有小组都分享观点，且小组之间交流较少。教师无法准确掌握每位学生的目标达成情况。

任务三　预测未来房山区交通运输布局与区域发展

（1）评价房山区现有交通运输布局

根据前期调查的图文资料，引导学生从优势和不足两方面进行评价。

（2）规划未来房山区交通运输布局

基于房山区未来"三区一节点"新定位，学生规划未来房山区交通运输布局，尝试绘制新路线，说明规划理由，并预测未来可能带给房山区的影响。

①设计方案。各小组根据项目要求，运用所学原理和方法形成解决问题的方案。

②论证方案。各小组对设计方案进行可行性论证，要列出必要的论据。在论证中对原始方案修正完善。在该项目学习的前两个环节，教师要放手，让小组充分地规划、设计、论证、修正，完成项目作品。

③评价反思。各小组分别展示学习成果，组内其他同学补充完善。"地理仲裁团"对照评价量表给各小组评价，教师最后点评。评价重点：一是线路方案设计是否合理；二是理由是否全面、准确、透彻。使用单点结构、多点结构、关联结构、拓展抽象结构的方法对各小组的说理进行合理评价，既指出问题，又给出改进的方向。

（3）公开展示成果

①将各组成果及结论整理后粘贴在教室，以"画廊漫步"形式鼓励学生参观学习，并将自己的想法或建议用便笺纸贴上去。（时间一周）

②实地考察新规划路段的目前的进展情况。（可拍摄照片、视频为证）

（4）反思改进

学生通过真实的情境材料组织教学，通过组内、组间的深度合作学习，提升学生分析问题、解决问题能力，学生认知水平向评价、规划、推断、预测等更高阶水平迈进。

由于学生水平差异，在评价房山区交通运输布局环节中，很多同学提到了交通拥堵，在教师引导下能从交通运输布局与区域发展角度思考。为未来规划路线时无从下手，引导结合目前的问题以及未来房山区定位角色进行规划。在对路线进行评价时语言空泛，不能灵活运用交通运输布局与区域发展关系做预测。为了深化学生理解，后期将选取更多区域、更大尺度继续验证，以促进学生的持久学习、深度学习。

（三）项目实施的效果与反思

1. 实施的效果

（1）突出学生主体，指向学生高阶认知。依据学生需求确定调查问题，突出学生是学习的主人，强化学生的问题意识。本项目是基于学生学习逻辑整合内容，紧扣主题内容"交通运输布局与区域发展的关系"，学生在真实情境中提出问题，开展地理实践调查，以问题链形式深入分析原理，再运用原理解决真实情境中的地理问题。在问题分析解决过程中优化了学生知识结构。学生从初步体验感知到深入分析原理规律，再到迁移应用为未来做预判，学生的学习体验不断丰富，认知水平从初级的知道、理解上升到综合分析、评价、创造等更高阶水平。

（2）基于真实情境，提升学科关键能力。本单元选取家乡房山区作为案例，创设地理教学情境，通过查阅资料、人物访谈、实地考察等多种调查形式丰富学生体验，绘制示意图，制作视频短片，获取一手信息，让学生在真实情境中"动手""行动"获得直接经验，学习过程遵循着"提出问题 → 分析问题 → 解决问题"流程，在真实的情境和持续探究中获得解决问题能力，用学到的原理和方法进行交通运输线的选线和布局，通过对真实问题的思考和观察，学会在合作中创造性地解决问题，实现地理学科关键能力的提升。

本项目以学生为本，立足家乡开展地理实践调查，让学生通过多种形式参与到获取和处理地理信息的过程中，有效弥补了课堂教学的不足，让学生能在真实的情境下"动手""行动"获得第一手的学习资料，将学科书本内容与真实世界打通，形成"生活－课堂－生活"的学习链。在不断发现问题、分析问题、解决问题的过程中，既学习了相关知识、技能，又提升了意志品质和行动能力，使地理实践力素养得到落实。同时在开发乡土资源过程中，学生能真切感受到家乡巨变，增强学生的热爱家乡、建设家乡的热情，增强家国情怀和社会责任感。

2. 实施的反思

（1）提高小组间互动与个人的贡献度。本项目以小组为单位开展，小组之间的互动交流机会较少。由于学生个体之间存在差异，小组个别学生仍存在依赖性，主动性较差，因此可采取组内轮流制和积分制发挥小组个体的积极性，提高个人贡献度。

（2）自主建构，形成"问题"认知结构。学生在真实情境中感受乡土地理，学习乡土地理，引导学生辩证分析问题的意识和方法，激发学生自主探究身边地理问题的学习动机，引导学生激活已有认知结构，进行整合迁移、自主建构，形成"问题"认知结构，达到新情境再迁移。在项目学习中，小组合作要求每个成员倾听他人的观点，共同打造高质量的作品，就需要团队协同形成要素完整、指向准确的思维模型和结构，如图2-7。

（3）加强信息技术与地理学科的融合。信息技术是地理实践活动的工具，继续挖掘适合地理学科的技术支持。本单元手绘了不同时期房山区交通图，但是准确性较低，可借助计算机制图软件重绘地图，提升教师与学生的地理信息技术能力。信息技术改变了课堂学习的方式与知识的呈现方式，与学科整合是未来发展的趋势。

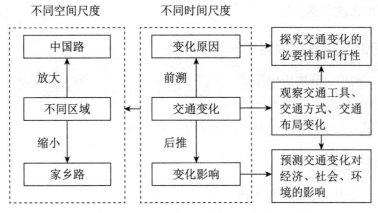

图 2-7　小组合作的思维模型和结构

（四）项目特色评析

1. 选取适宜的活动项目

（1）围绕主题选取项目。以"交通运输布局与区域发展的关系"为主题配置了3个项目任务，每个项目都蕴含有价值、富有挑战性的问题链，这些体现地理研究方法的问题链构成了项目学习的主线。

（2）项目难度力所能及。所选的项目内容都是学生比较熟悉的，每个项目的任务都是建立在学生已有知识和经验的基础上，且由前到后任务难度呈阶梯式上升。

2. 开放性学习环境

（1）开放的资源学习环境。一是查阅资料、人物访谈、实地考察三种形式的地理实践调查，借助教材、网络资源、图书馆等资源搜集资料。二是学生绘制的三个时期房山区交通线路分布图。三是人物访谈组和实地考察组拍摄制作的视频资料。

（2）开放的技术学习环境。联网的计算机、智能手机、水经注万能地图、剪映软件及腾讯问卷小程序；借助开放的网络平台通过"希沃授课助手"实时展示学生成果。

（3）开放的学习小组。采用小组合作学习，依据兴趣需求自由结成4～6人小组。

（4）开放的物理环境。录课室；黑板；桌椅按4～6人摆放，便于小组交流讨论；每人一块磁性白板和一只白板笔，便于展示学生观点。

3. 学习评价贯穿始终

学科项目式学习不但要考评结果，还要考评过程。如本项目中对"房山区交通布局的情况"的评价，不仅关注"选线、布局"的结果，更侧重对"论证过程"的评价：从思维结构层次的角度设计量表来评价小组的表现，小组通过评价反思中得到的反馈再次修改完善作品。

三、初高衔接学科项目式学习

案例 1　初中、高中历史衔接
项目名称　《铁血平西》历史剧编演
案例提供　北京师范大学良乡附属中学　周美闪

（一）项目的提出

该项目的提出依据课标和学情：

1. 初中新课标中明确指出："近代史留下的史料更为丰富多样，在教学过程中，要充分利用各种课程资源，如近代历史报刊、历史论著、历史照片、历史绘画、历史影片、历史实物等，以及革命遗址遗迹、纪念馆、博物馆、展览馆等；要重视与近代历史有关的乡土资源和口述史资源的利用……开展项目学习，特别是围绕党史、新中国史、改革开放史、社会主义发展史这'四史'领域中的重要问题，尝试通过搜集身边的直接而鲜活的资料，形成项目学习的研究报告或小论文，举办项目学习成果研讨会、报告会，或'四史'史学新秀竞赛。"

2.《普通高中历史课程标准（2017 年版 2020 年修订）》指出："在课程实施上，进一步改进教学方式、学习方式和评价机制，将教学评有机结合，促进学生的自主学习、合作学习和探究学习，提高实践能力，培养创新精神。"

3. 中学生，尤其是初中生大都以感性思维为主，对于教材中讲述的中华民族抗战过程中所体现出的全民族抗战以及中国共产党发挥的中流砥柱作用等概念，缺乏深入的理解。故在对"中华民族的抗日战争"这一部分的教学过程中，将地方资源与国家课程相结合，采用项目式学习的方式，学生通过搜集身边的乡土资源，并以人人参与其中的历史剧的形式表现出来，利于学生在合作探究、沉浸体验式的学习过程中加深对中华民族十四年抗战的理性认识；利于学生了解家乡的英雄人物，崇尚英雄气概，传承民族气节，逐步确立积极进取的人生态度，具有为家乡、国家和世界发展贡献力量的远大理想和责任担当，形成健全的人格。

（二）项目的设计与实施

1. 整体设计思路

"了解中国各个历史时期的英雄人物，传承民族气节，崇尚英雄气概，是历史课程的教育功能之一。"教材中对抗战英雄的叙述概括性强、事迹简略。本主题的设计，旨在引导学生通过历史剧的编演等形式，把抗战时期房山的抗日英雄人物具体化、生动化，使学生切实体验、感受家乡英雄人物的业绩，从中获取精神力量。在查找资料、编写剧本、演出历史剧的过程中，进一步发展时空观念、史料实证、历史解释和家国情怀等素养。

　　在该项目式学习的过程中，历史剧本和成功的展演是项目的产品。学生要完成该项产品，需要尽可能全面地查找史料，使文本内容和演出场景符合当时的历史情境。在这一过程中，学生之间、师生之间需要互相合作交流，共同完成任务。该项目式学习，既体现了以学生为主体的教学观念，又充分发挥了历史课程的育人功能，使学生形成责任担当意识和家国情怀。

　　2. 学习目标的确定

　　立足于以学生为本，发展学生核心素养的项目式学习，不仅要落实教材中的知识目标，更要提升学生的学科能力和学科核心素养，最终实现综合素养的落位。具体目标指定如下：

　　（1）学生综合素养：在文化基础、基础发展、社会参与等方面得到提升，具体体现在：人文底蕴、科学精神、学会学习、责任担当、实践创新，使之成长为全面发展的人。

　　（2）学科核心素养：唯物史观、时空观念、史料实证、历史解释和家国情怀。

　　（3）具体学习目标：

表 2-26　各学段的学习目标

学段	学习目标
初中	（1）通过阅读书籍《铁血平西》，了解平西抗日根据地的概况，探寻抗战时期家乡英雄人物建功立业的豪情壮志，汲取英雄的智慧、勇气、气节。 （2）在自主学习、合作学习的基础上，通过编写历史剧本、演出历史剧等活动方式，进一步提升历史课程核心素养。 （3）通过分工协作完成历史剧编演等任务，发展合作交流、沟通表达、实践创新等综合素养；在活动中能够积极汲取他人的正确意见，善于与他人合作，用文艺形式表达对历史人物的理解。
高中	（1）能够以小组合作的形式，通过参观采访及查阅史料等多种渠道获取关于平西抗日根据地的相关资料。 （2）能够选择、组织和运用相关材料，对平西抗日根据地的抗战形成自己的历史解释，并通过历史剧的形式表现出来。 （3）通过历史剧的编写和表演，展现平西抗日根据地对中国抗战乃至世界反法西斯战争胜利的重大意义，加深对家乡历史的认知，增强爱党、爱家乡、爱祖国的家国情怀。

　　3. 项目实施过程

　　（1）问题的提出。将乡土资源平西抗日根据地的相关资料与初高中国家课程内容有机结合，以历史剧的形式展现成果，利于学生结合身边的资源，从微观角度认识平西抗日根据地对中国抗战胜利的意义，以及加深中国战场和中国人民的抗日战争对世界反法西斯战争重大意义的理解。故确定《＜铁血平西＞历史剧编演》这一项目式学习的核心探究任务为：如何以历史剧的形式展现平西抗日根据地军民抗战的历史意义？这一探究任务又分解为三个核心问题：问题1：如何搜集平西抗日根据地的相关资料？问题2：如何编写《铁血平西》历史剧本？问题3：如何进行《铁血平西》历史剧的表演？以上问题通过小组合作探究的形式加以实施，学生分为"平西抗日根据地形成背景组""平西抗日根据地抗战过程组""平西抗日根据地抗战意义组"三个小组，具体解决路径和方法如下。

（2）问题的解决

步骤1：搜集平西抗日根据地的相关资料

【方法】

三个小组内部再次进行细化分工，分成文献史料搜集组、实物史料搜集组、口述史料搜集组，各小组同学依据教师设计的如下活动记录表，进行资料的搜集和整理。

表2-27　平西抗日根据地资料搜集活动记录表

组别		活动范围	活动记录（史料名称、出处、内容等）	思考问题
形成背景组	文献史料搜集	参考房山档案馆相关档案以及《铁血平西》等纪实类书籍		1. 结合史料，概述日军侵华带给房山的暴行。 2. 简述平西抗日根据地建立的背景及地理范围。
	实物史料搜集	参观平西抗日战争纪念馆以及房山抗日遗址遗迹等等		
	口述史料搜集	走访身边的抗日英雄以及后人		
抗战过程组	文献史料搜集	参考房山档案馆相关档案以及《铁血平西》等纪实类书籍		1. 列举平西军民英勇抗战的实例。 2. 概述平西抗日根据地的抗战特点。
	实物史料搜集	参观平西抗日战争纪念馆以及房山抗日遗址遗迹等等		
	口述史料搜集	走访身边的抗日英雄以及后人		
抗战意义组	文献史料搜集	参考房山档案馆相关档案以及《铁血平西》等纪实类书籍		结合史料，说明平西抗日根据地在抗战中的作用。
	实物史料搜集	参观平西抗日战争纪念馆以及房山抗日遗址遗迹等等		
	口述史料搜集	走访身边的抗日英雄以及后人		

【评价】

表2-28 《搜集平西抗日根据地资料评价量规》

学生姓名　　　自评　　　他评教师姓名

项目	评价标准	表现水平			
		一般3分	中等5分	良好8分	优秀10分
材料搜集	能全面搜集有效的历史材料				
材料运用	有效使用材料及所学知识探究问题				
组内合作	组内发表意见，相互交流充分				
表达交流	表达清晰准确，能认真听取他人意见				
探究成果	解决问题思路正确，结论有价值				

【设计意图】学生通过对乡土资源的搜集整理，形成对教材内容的有效补充，通过身边的资料，便于学生加深对知识的理解，同时在搜集资料的过程中去发掘可创作为剧本的故事原型，为下一步创作剧本做好准备。此外，在搜集资料的过程中，培养了学生史论结合、论从史出的学科思维以及史料实证、历史解释、家国情怀等学科核心素养。

步骤2：编写《铁血平西》历史剧本

①初中

通过前期的搜集资料，找寻出最能体现平西抗战精神且适合搬上舞台的历史故事，经小组讨论，确定创作剧本的故事原型为"老帽山六壮士"。以下为故事梗概，学生可以故事为基础剧本创作。

1943年春，日伪军300多人，企图袭击中共房涞涿联合县党政军机关。八路军的一个排在十渡老帽山与马鞍山之间阻击敌人，掩护县领导和群众转移。在完成掩护任务开始撤退时，日寇从背后包抄上来，战士们腹背受敌，来不及撤退，与敌人展开了顽强搏斗，终因寡不敌众，最后只剩下6名战士。他们在弹尽后宁死不屈，跳崖就义，为中华民族的解放事业英勇献身，这就是平西抗战史上著名的"老帽山六壮士"。

——摘自于北京市中学地方实验教材《房山文化》

②高中

该历史剧本分为"根据地的创建""军民共抗战""根据地的贡献"三幕，分别由"平西抗日根据地形成背景组""平西抗日根据地抗战过程组""平西抗日根据地抗战意义组"三个小组的同学负责编写，三组同学主要依据前期搜集的史料和教师给出的提纲进行创作。

【方法】

表 2-29 《铁血平西》历史剧本提纲

	核心历史事件	主要历史人物	主要剧本情节
第一幕"根据地的创建"	房良抗日民主政府和抗日根据地的建立	邓华、包森、杜仲华、赵然等	七七事变后，日军侵入房山，面对日益严重的民族危机，中国共产党党员包森作为邓华支队的代表，领导房山人民创建抗日根据地
第二幕"军民共抗战"	反扫荡斗争；减租减息、大生产运动；	赵然、老帽山六壮士、傅兴远、晋耀臣等	此部分呈现中国共产党领导的敌后抗日根据地军民在军事上通过"游击战"进行反扫荡斗争，经济、政治上巩固根据地的英雄事迹，呈现中国共产党在抗战过程中的中流砥柱作用
第三幕"根据地的贡献"	铲除汉奸、端掉据点、智救美军飞行员、抗战胜利	肖炳林、隗合宽等	此部分除了呈现平西作为敌后抗日根据地抗战的成果之外，还呈现了中国战场作为世界反法西斯战争重要的组成部分，从而凸显平西抗日根据地对华北至整个中国抗战胜利，乃至世界反法西斯战争胜利的重大贡献

【评价】

表 2-30 《编写＜铁血平西＞历史剧本评价量规》

学生姓名_____自评_____他评教师姓名_____

项目	评价标准	表现水平			
		一般3分	中等5分	良好8分	优秀10分
内容	剧本严格依据史料，尊重历史真实，能够清晰地呈现平西抗日根据地的相关史实				
结构	剧本文字材料详实，故事的发展符合历史时空，线索清晰，逻辑严谨				
人物角色	剧本情节跌宕，人物角色定位准确，符合史实，主角与配角相互搭配，突出主题				

【设计意图】

剧本的三幕设计，紧扣平西抗日根据地的形成背景，抗战过程以及抗战贡献，写作素材来源于前期学生分组搜集到的关于平西抗日根据地的各种类型的史料，剧本的写作过程，体现了学生依据史料，形成自己历史解释的过程，对全民族抗战过程中，中国共产党领导的敌后抗日根据地的作用以及中国共产党中流砥柱作用有了更为深刻的理解，培养了学生史料实证、历史解释等学科核心素养。

步骤 3：进行《铁血平西》历史剧的表演

【方法】

首先，各组同学根据剧本内容分配角色，每个学生根据自己扮演的角色进一步查找资料，设身处地地理解所扮演的角色，合理想象当时的历史场景及人物的所思所想、所作所为。

其次，本组同学交流自己对角色或作品的理解，理清不同角色之间的关系或作品与语境的关系，完善剧本，排练历史剧。

再次，各组进行展演交流，同学之间互相提问、质疑、点评，共同完善历史剧本和表演。

最后，举办"铁血平西"历史剧展演。

【评价】

表 2-31　项目评价表

项目	评价标准	表现水平			
		一般 3分	中等 5分	良好 8分	优秀 10分
人物服装造型	人物服装设计具有创造性，并与其角色和历史时空描述相吻合				
道具和布景	道具和布景的设计反映出清晰的历史时空，凸显剧本主题，为表演增加全面的效果				
舞台表演	表演符合剧本的境遇和特征；剧本每个不同部分的衔接适当，过渡自然；表演大方、熟练，节奏连贯，具有很强的感染力				

【设计意图】通过对历史剧本的舞台表演，建立与家乡抗日军民的情感共鸣，通过全体参与的项目式学习，活化对知识的理解，提升认识，升华情感。

（三）项目实施的效果与反思

1. 项目实施的效果

（1）落实了国家课程的学习任务。初中课标对这一部分内容的要求为：1.5 中华民族的抗日战争，通过了解九一八事变、"一二·九"运动、西安事变、七七事变、正面战场和敌后战场的抗战等史事，认识日本侵华的罪行及中国人民十四年抗战的艰苦历程，认识中国共产党是全民族团结抗战的中流砥柱，了解中国战场是世界反法西斯战争的东方主战场，体会中国军民在抗日战争中孕育出的抗战精神，认识抗日战争胜利在中华民族伟大复兴中的历史意义。

高中课标对这一部分内容的要求为：1.10 了解日本军国主义的侵华罪行，通过了解正面战场和敌后战场的抗战，感悟中华民族英勇不屈的精神，认识中国共产党是全民族团结抗战的中流砥柱；认识中国战场是世界反法西斯战争的东方主战场，理解十四年抗战胜利在中华民族伟大复兴中的历史意义。

由此可见，无论是初中生还是高中生，通过该历史剧本的编演，对于课标要求中的核心内容"中华民族的抗战及其意义"有了充分的理解和认识。

（2）提升了历史学科的学科能力和学科核心素养。该项目式学习，打破传统的

"教师讲，学生听"的学习模式，项目式学习的模式就是让学生进入到一个真实的情境中，体验立体多元的事物，并最终实现目标。在这个过程中，学生经历相对复杂的思维过程，协调统筹各方资源来达成项目，他们必须主动地推进项目的进展，合作解决未知的难题，最终形成一种独特的自我表达。新课程改革推崇"以生为本"的课堂理念，打造生本课堂，项目式学习给我们提供了一个很好的路径，学生通过主动学习，建构知识体系，解决实际问题，在这个过程中唯物史观、时空观念、史料实证、历史解释、家国情怀等学科核心素养得以落位。

2. 项目实施的反思

可在编演历史剧的基础上，结合学情有所拓展和延伸，如指导学生举办"平西抗日根据地的抗战"图片展，或举行"我家乡的抗日英雄"演讲会，或寻找身边的历史：为家乡的抗战英雄立传，或以"从世界反法西斯战争视野看中华民族的抗日战争"为主题，自拟题目，写一篇历史小论文等等，以进一步弘扬家乡抗战英雄人物"天下兴亡、匹夫有责"的担当意识，学习英雄人物保家卫国、振兴中华的爱国情怀。

（四）项目特色评析

1. 充分利用乡土资源

该项目式学习立足于乡土资源，充分调动学生借助各种途径，如平西抗日战争纪念馆，房山档案馆，《铁血平西》等书籍，访谈等全面搜集关于平西抗日根据地的史料，形成对国家课程资源的有益补充。学生通过身边生动的实例，便于理解抗战时期中国共产党领导下的敌后抗战及其中流砥柱作用的发挥。

2. 发挥学生主体地位

该项目式学习以任务驱动，问题引领，充分发挥学生合作探究的学习主体作用。在整个学习过程中，每个学生都是全程参与，沉浸式体验，探究性思考，有利于学生的深度学习和学科核心素养的落位。

案例 2　初中、高中政治衔接
项目名称　良乡大学城实现"坚持以人民为中心"探究
案例提供　北理工附属实验学校　王洋

（一）项目提出

1.党的十九大报告指出，中国共产党人的初心和使命，就是为中国人民谋幸福，为中华民族谋复兴。全党同志一定要永远与人民同呼吸、共命运、心连心，永远把人民对美好生活的向往作为奋斗目标。习近平总书记在庆祝中国共产党成立 100 周年大会上指出，"江山就是人民、人民就是江山，打江山、守江山，守的是人民的心。中国共产党根基在人民、血脉在人民、力量在人民。""新的征程上，我们必须紧紧依靠人民创造历史，坚持全心全意为人民服务的根本宗旨，站稳人民立场，贯彻党的群众路线，尊重人民首创精神，践行以人民为中心的发展思想，发展全过程人民民主，维护社会公平正义，着力解决发展不平衡不充分问题和人民群众急难愁盼问题，推动人的全面发展、全体人民共同富裕取得更为明显的实质性进展！"坚持以人民为中心，表明了中国共产党治国理政的政治立场、依靠力量和发展目的，体现了中国共产党对全心全意为人民服务的根本宗旨的遵循，彰显了中国共产党为人民谋幸福、为民族谋复兴的初心和使命。

2.2022 年，中华人民共和国教育部制定了《义务教育道德与法治课程标准》，新的课程标准中明确道德与法治课程要"采取多样化教研方式……丰富教育教学活动形式，精选、整理和加工资源，为促进学生学习方式的转变提供课程资源支持"。具体的教学实践中，"要注重对教学中遇到的问题进行深入研究，有针对性地收集资料，获取证据，分析筛选和评估改进，以'问题—反思—改进—实践'的策略，持续提升教学能力。"

3.北京良乡大学城简介：大学城南邻六环，规划总建筑面积为 299.17 万平方米。大学城内包含中国社会科学院大学、北京理工大学、北京工商大学、首都师范大学、北京中医药大学，5 所高校最终学生规模达 9 ～ 10 万人。以国际化、社会化、科学化、人性化、知识化的建园理念构建世界一流大学城。

进入新时代，人民对美好生活的向往更加强烈，这更需要坚持以人民为中心的发展思想，把实现人民幸福作为发展的目的和归宿。发展为了人民，就是要从人民群众的根本利益出发谋发展、促发展，不断满足人民对美好生活的需要，努力促进人的全面发展，实现共同富裕。因此，基于"坚持以人民为中心"为中心思想，对良乡五所大学城进行实践探求，对良乡大学城服务房山及全北京市居民的意义进行研究和探索。

（二）驱动性问题

房山区良乡大学城的基本建筑功能包括：教学、生活、市镇商业、交通道路、公园与开放空间等，以适应驻城高校师生教学、生活、购物、休闲一体化的要求，同时建立与城市交通系统的方便联系。大学城的建立为我们房山区及北京市的居民生活有哪些影响？五所高校如何体现"坚持以人民为中心"开设社会性服务项目的？五所高校还可以开展哪些"坚持以人民为中心"的社会性服务项目。

（三）学习目标

1. 通过理论探索环节，增强学生的政治认同，开展小组讨论分享环节引导学生理解"怎么坚持以人民为中心"的实际行动，在人民检验工作成效的探究中，深化学生对本课主题"坚持以人民为中心"的认识，引导学生树立人民意识，激发公共参与的热情。

2. 通过实践性活动，掌握五所大学的校史、校园环境、专业特色、办学理念等，掌握高校现有"坚持以人民为中心"服务社会的业务。

3. 通过探究性活动，把握五所大学的主要特点，研究地理、历史等因素对"坚持以人民为中心"理念的影响。

4. 通过小组合作，培养人际交往能力，开拓思路，开发更多面向社会服务业务，扩展"坚持以人民为中心"服务项目。

（四）项目流程

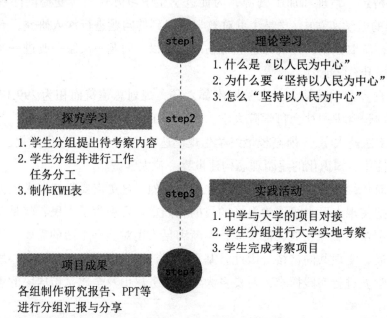

图2-8 项目流程示意图

（五）项目评价

表 2-32　项目评价表

评价项目		评价指标	评价等级				评价结果			
			A	B	C	D	自我评价	组内互评	组组互评	教师评价
过程评价	理论学习	1. 积极主动表达观点； 2. 小组讨论环节积极主动； 3. 小组形成海报内容准确、完整。								
	小组活动	1. 组员本人工作尽职尽责； 2. 小组讨论时发挥重要作用； 3. 组员之间配合程度，富有积极性。								
	过程材料	1. 前期五所高校调研材料内容完整； 2. 高校实地考察材料内容完整； 3. 小组讨论环节内容完整。								
结果评价	报告内容	1. 汇报内容观点明确，言简意赅； 2. 汇报内容完整，有调查数据、过程分享、成果分享等； 3. 汇报时有 Word 或 Pdf 成果展示。								
	报告表现	1. 熟悉汇报成果内容； 2. 表现力强，与听众有眼神交流； 3. 汇报时有 PPT 展示。								
综合评语										

注：本表由三部分评价组成，即评价等级、评价结果和综合评语。

评价等级分为 A、B、C、D 四级。各等级指标分别为：A——达成三项指标，B——达成两项指标，C——达成一项指标，D——完成指标。

评价结果包含学生自我评价、组内互评、组组互评、教师评价四部分内容。

综合评语由道德与法治、地理、历史教研组或年级组进行整体行评价。

（六）项目实施

1. 理论学习

学习目标：深刻理解以人民为中心的科学内涵，深刻理解和领悟党的立场、宗旨和使命，全面理解以人民为中心的科学内涵。

学习课时：1 课时。

具体学习环节安排如下：

（1）播放《加油！脱贫攻坚——幸福花开：商忠会》视频，小组讨论党和政府为商忠会的家庭做了什么？党和政府为什么要这么做？

（2）各小组阅读学案内容，并讨论从中国共产党能的角度、中国特色社会主义好的角度、马克思主义行的角度，分析"为什么要坚持以人民为中心"的问题探究中感悟国家发展的一切都是为了人民的根本利益，始终坚持人民至上，增强学生的政治认同。

学案内容如下：

俄国十月革命一声炮响，给中国送来了马克思列宁主义。在中国人民和中华民族的伟大觉醒中，在马克思列宁主义同中国工人运动的紧密结合中，中国共产党应运而生。中国共产党一经诞生，就把马克思主义写在自己的旗帜上，并坚持把马克思主义基本原理同中国革命和建设的具体实际、改革开放的具体实际、新时代中国的具体实际结合起来，不断开辟马克思主义新境界。

在中国共产党成立之前，中国落后挨打、积贫积弱。为了改变这个状况，许多志士仁人进行了不懈探索，但都没有成功。中国共产党一成立，就肩负起挽救中华民族危亡、实现中华民族伟大复兴的历史使命。我们党领导人民经过长达28年的浴血奋斗，推翻了帝国主义、封建主义、官僚资本主义的反动统治，建立了中华人民共和国，使中国人民站立起来。之后，又确立社会主义基本制度，实现了中国历史上最深刻最伟大的社会变革。习近平同志在党的十九大报告中明确指出："中国共产党人的初心和使命，就是为中国人民谋幸福，为中华民族谋复兴。这个初心和使命是激励中国共产党人不断前进的根本动力。"

我们党带领人民创造性地进行社会主义改造，建立社会主义基本制度，并在艰辛探索中逐渐认识到，要实现国家富强、人民幸福，必须走出适合中国国情的社会主义建设道路。党的十一届三中全会后，我们党以巨大的政治勇气和理论勇气开启改革开放进程，成功开创了中国特色社会主义。中国创造了世所罕见的经济持续快速增长的奇迹，人民物质文化生活水平得到极大提升。党的十八大以来，中国特色社会主义进入新时代，党和国家事业发生历史性变革、取得历史性成就。事实证明：只有社会主义才能救中国，只有中国特色社会主义才能发展中国，只有坚持和发展中国特色社会主义才能实现中华民族伟大复兴。

中国共产党人把马克思主义基本原理同新时代中国具体实际结合起来，团结带领人民进行伟大斗争、建设伟大工程、推进伟大事业、实现伟大梦想，推动党和国家事业取得全方位、开创性历史性成就，发生深层次、根本性历史变革，中华民族迎来了从富起来到强起来的伟大飞跃，迎来了实现伟大复兴的光明前景。实践证明，马克思主义的命运早已同中国共产党的命运、中国人民的命运、中华民族的命运紧紧连在一起，它的科学性和真理性在中国已经得到了充分检验。习近平总书记在庆祝中国共产党成立100周年大会上的重要讲话中强调："中国共产党为什么能，中国特色社会主义为什么好，归根到底是因为马克思主义行！"

（3）我们的实际生活中有哪些社会服务项目能够体现出政府的行为是"坚持以人民为中心"？小组讨论与分享，最终启发及引导到良乡大学城的案例，如下：

打开中国地图，俯瞰万里平畴，一条蜿蜒北上的人工明渠，从秦巴山间出发，跨江淮、穿黄河、依太行，纵贯南北，一路穿行1432公里，将一渠清水送往河南、河北、天津、北京。这就是南水北调中线工程。饮水当思源。一渠清水北送，最值得点赞的是，在党的坚强领导下，持之以恒开展水源区生态保护。从2005年库区工程启动时起，经过16年努力，如今水源区青山如黛、绿树成荫、水流清澈、鸟鸣悠悠，一幅秀美画卷展现眼前。

渔儿沟村改造前后对比　　　　　梅花庄村改造前后对比

图2-9　村庄改造前后对比图

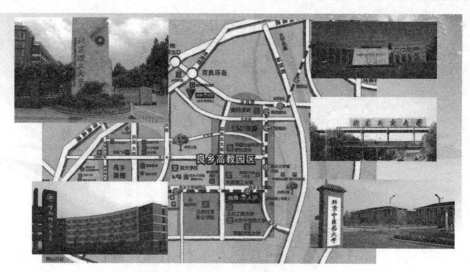

图 2-10　良乡高教园区示意图

2. 探究活动

学习目标：项目式学习需要学生进行多学科之间的知识融合，需要学生在掌握道德与法治理论内容基础上，结合地理和历史等学科知识进行探究。

学习课时：1-2 课时。

本探究活动环节，引导学生探究五所高校的地理、历史等信息，加强对"坚持以人民为中心"理念内容的理解，包含并不局限于以下内容：

表 2-33　对"坚持以人民为中心"理念内容的理解

学科	道德与法治	地理	历史
探究具备素养知识	从中国共产党为什么能的角度、马克思主义为什么行的角度、中国特色社会主义为什么好的角度，分析"为什么要坚持以人民为中心"的问题探究中感悟国家发展的一切都是为了人民的根本利益，始终坚持人民至上，增进政治认同。体现学科素养政治认同、道德修养、健全人格和责任意识。	了解五所大学地理位置、选址原因及对房山开展社会性服务项目的便利内容，深入研究政府规划良乡大学城是"坚持以人民为中心"的旨意	对比良乡大学城成立前和成立后的历史改变，分析良乡人民文化生活提升与改善的内容。

（1）开展实践活动前组织学生进行"头脑风暴"，学生分组提出待考察内容。

（2）把学生分成五组，并进行组员工作任务分工，最终需要组内有明确的分工明细，制作分工明细表。

表 2-34　分工明细表

序号	组员	考察内容（学生讨论结果）
1	组员 A、B、C	校史考察
2	组员 D、E、F、G、H	专业考察
……	……	

（3）制作 KWH 表，方便实践活动时使用。如下：

表 2-35　KWH 表

我已经知道了什么？	我还想知道什么？	我想运用已了解内容解决怎样问题？

3. 实践活动

学习目标：学生分组进行高校实地考察，按照前期定制的考察表进行。

学习课时：4-5 课时。

具体活动内容如下：

（1）学生所在初中学校与良乡各高校进行联系与对接，说明本次活动目的；

（2）学生分成五组，每组学生前往一所高校进行实地考察；

（3）完成实践活动考察表。

4. 项目成果汇报

学习目标：多样、灵活表达设计成果，表述内容准确，言简意赅。

学习课时：1-2 课时。

学生通过展示项目探究学习过程和项目成果，重点分享在整个项目中学到了什么，以及如果再次接受挑战会采取哪些不同的方法。

各小组将整个学习过程、设计成果、学习体会等，采用 PPT、视频、照片、研究报告等形式进行小组分享，学生从中进行比较、分析，体会每个小组在学习过程与汇报成果上的优点与缺点。最终学生与教师分别完成项目评价表，形成最终评价成绩。

（七）项目成效

本次项目化学习，强调学生高阶学习的发生和学科素养的提升，学生将道德与法治、地理、历史学科进行融合，通过良乡大学城五所高校实地考察，找出五所高校"坚持以人民为中心"已开设的社会性服务项目，并从中发现问题，结合专业特色找出更多可以开创的社会性服务项目。学生从学会解决书本中的问题到学会解决生活中的真实问题，独立思考、小组合作、人际交流、创新思维等品行能力得到提升。

（八）项目反思

教师引导学生组成学习小组，自治实践、思考、设计、改进、分享，在解决问题的过程中激发学生的团队合作精神和社会责任感，注重学生思维品质的培养。本项目发挥学生主动性，主动探究项目需要思考的问题，鼓励学生发现问题，并思考与提出解决问题的办法。设置 KWH 表格，让学生主动观察、学会思考以及激发学生学习潜能和学习兴趣。本项目探究注重前期准备，学生在前期讨论时，一定要充分发现问题，这样才能对后期的实地考察起到作用。

（九）项目特色评析

1. 本项目作为初中至高中政治的衔接项目课程，重点在理论知识的启发与实地考察相结合，是符合初中道德与法治的课程标准内容。本项目重点在良乡大学城展开实施，通过实地考察深入理解五所高校"坚持以人民为中心"开设社会性服务项目的意义，体现中学乡土课程的特点。同时也借此机会与五所高校展开并做进一步或其他类型项目沟通与联系。

2. 体现道德与法治课程铸魂育人的理念。学生通过理论学习了解到"坚持以人民为中心"的"什么是"（意义）、"为什么"（原因）、"怎么做"（实施）等三部分内容，从中培养学生政治认同、道德修养、健全人格和责任意识等学科素养，在实践中运用学习理论，做到知行合一。

3. 贯穿整个项目探究过程中，注重学生的学科融合与团队合作，引导学生充分发挥项目探究过程中起到的主导作用，发挥学生在整个项目探究中的积极主动性，进行高阶学习。项目每一阶段，注重学习目标的明确，并在设计中充分体现学生需要学什么，以及怎么学等环节。

4. 过程性评价与成果性评价相结合。学生评价由三部分组成，即注重学生评价指标的完成程度，考查学生在项目学习全过程中表现情况，通过 ABCD 四个等级进行评价；注重学生本人的自我评价、小组内组员间的评价、组组评价以及教师评价；注重道德与法治、地理、历史教研组或年级组的综合性评价。采用多角度和多维度的评价手段与方式对学生项目学习进行评价。

PART 3

第三章　乡土课程实施中的跨学科
项目式学习

第一节　跨学科项目式学习的理解

一、跨学科项目式学习之概念阐释

（一）跨学科学习

一般而言，学生在传统的学习模式下，接受的都是分科教学。分科教学确实有利于学生系统的、专业的建构知识结构。但在经济全球化、社会信息化迅猛发展的当代社会，单纯地强调知识的学科属性，就会制约学生解决问题的视野及思路。所以，伴随着时代的进步所引发的对人才需求的变化，"跨学科学习"就日益成为了中小学和大学改革的重要内容之一，受到广泛重视。

学界普遍认为："跨学科"的思想或理念起源较早。但对于"跨学科学习"这一概念，一般认为其正式确立者为赫尔巴特及其弟子齐勒等人。他们在启蒙运动背景下，以学生的道德或意志自由为中心，将各门学科关联、统合起来，强调学科之间的"自然联系"。此后，"跨学科学习"理论逐渐发展，日益成为问题解决的重要路径。对于什么是跨学科学习，不同的学者给出的概念也不尽相同。

美国哈佛大学"零点项目"的首席专家鲍克斯·曼斯勒曾将跨学科学习的概念界定为：跨学科学习是个人和群体将两个或两个以上学科或已确立的领域中的观点和思维方式整合起来的过程，旨在促进其对一个主题的基础性和实践性理解，该理解超越单一学科的范围……跨学科学习者将信息、资料、技术、工具、观点、概念和／或源自两个或两个以上学科的理论加以整合，以创造产品、解释现象或解决问题，所运用的方式是单一学科不可能做到的。

我国国内学者张华在提出："跨学科学习"是整合两种或两种以上学科的观念、方法与思维方式以解决真实问题、产生跨学科理解的课程与教学取向。它具有目的与手段的双重特性。从目的意义看，它旨在培养学生的自由人格、跨学科意识和创造性解决问题的能力。从手段意义看，它是选择、综合各种信息、知识、手段、方法以解决复杂问题的策略，以及将学科知识情境化的策略。

通过对相关概念的分析，我们可以发现，"跨学科学习"一般具备3个条件。第一，从形式上看，要有"学科跨界"。跨学科就是已有学科边界的跨越与突破，所以所有跨学科的实践活动都基本上关涉到两个或两个以上的学科。单学科内的活动再丰富或再深入都不能称之为跨学科。第二，从过程来看，要体现"知识交互"。一切跨学科的活动不仅关涉两个或两个以上的学科，并且这些学科的知识、理论抑或方法并非独立并行，而是处于交互协同的状态。第三，从目标来看，要有"问题解决"。同样，也正是因为单一学科的知识、内容与方法无法解决当前所面临的复杂问题，所以需要依托其他相关学科的知识、理论或方法加盟助力，协同支持，一起发力，最终让遇到的问题迎刃而解。

基于此，我们不难发现，跨学科学习是一个学习过程，它涉及到两个或两个以上的学科，学习者植根于多个学科知识、学科思维与方法，在探究过程中解决问题，实现跨学科的理解。

（二）跨学科项目化学习

广义的跨学科学习包含多种类型：多学科学习、跨学科主题化学习、超学科学习。在多学科学习中，各个学科彼此是并列的，学科之间是有界限的。比如就北京市房山区大石窝汉白玉展开多学科主题化学习，历史学科可以研习汉白玉的发现及应用的历程、地理学科研究汉白玉产生地区的地质构造、语文学科学习有关汉白玉的文章等。显见，学科边界明显，并没有产生内容的整合，无法形成新的跨学科理解。多学科的学习在大学中常见于双学位的学习。超学科学习以我国基础教育课程体系中综合实践活动课程为典型，它从学生的生活经验出发，从人与人、人与社会、人与自然等生活领域选择有价值的活动主题，让学生将所有学科知识融合起来以解决实际问题，提升理解力及创造力。但其漠视学科思维，使探究活动简单化、流程化。

学者夏雪梅在《项目化学习设计：学习素养视角下的国际与本土实践》中就什么是跨学科项目式学习有如下阐述：跨学科项目化学习，学习者基于两个或两个以上学科的核心概念与能力，或者基于一套超学科的概念体系的共同作用来促进对世界的深度理解。学生汇聚两个及两个以上的学科概念来解释现象、解决问题、创造作品，从而产生新的理解，创造出新的意义。

《义务教育历史课程标准》（2022年版）中指出：历史课程的跨学科主题学习活动，是在学生历史学习的基础上，将所学的历史课程与其他课程的知识、技能、方法及课题研究等结合起来，围绕某一研究主题，开展深入探究、解决问题的综合实践活动，以提高学生学会学习、实践创新、责任担当的综合素养。

纵观以上两种解释，我们可以对跨学科项目式学习形成如下认知：跨学科项目式学习是基于学生的发展需求，围绕某一探究主题，整合及运用两个及两个以上学科的知识、思维及方法，开展综合学习、形成新的学科理解的学习方式。

二、跨学科项目式学习特点分析

跨学科项目式学习不是学科拼盘，它是学生通过对真实而有意义的问题的探讨，用专业的、多学科的知识、思维方法等研究和解决问题，从而形成新的学科理解。一般而言，其具备如下特点：

（一）整合性

跨学科项目式学习需要运用两个或更多学科的知识与方法，但其不是简单的为了"跨"而"跨"，而是为了使学生加深对周围世界的理解。在跨学科项目式学习中，不同学科不是简单地围绕一个主题排列，而是通过问题、概念、成果等联系在一起，使学生能够对学习主题产生更深入、更细致的理解。因此跨学科项目式学习要体现学科间的有机整合，包括不同学习领域的知识整合，不同学习方法的综合运用。

在跨学科项目式学习中，还能够将知识掌握与运用有机结合，将校内学习与社会资源的利用有机融合，将课堂学习与社会实践有机配合，将发展学生的价值观、必备品格和关键能力有机结合。

《义务教育历史课程标准》中就给我们呈现了一个很好的跨学科项目式学习活动知识整合的示例：

表3-1　学习主题：历史上水路交通的发展

知识	学科			
	历史	地理	道德与法治	科学
秦的统一	驰道 灵渠	自然环境 交通路线	政治制度 国家治理	畜力、风力
汉唐时期	张骞通西域 丝绸之路 玄奘西行 鉴真东渡	自然环境 人文环境 交通路线 文化传播	综合国力 外交	车船技术 测量技术
明清时期	郑和下西洋 私人海上贸易	海洋知识 气象知识 地图绘制	政治制度 综合国力 市场经济	风力 罗盘 造船技术
晚清民国	火车、铁路、轮船、汽车等交通工具与设施的引入	传统交通路线的改变 绘图技术现代化 地球知识的更新	民主与科学的建设	蒸汽机 传动装置 钢铁冶炼
大航海时代	新航路开辟 海外殖民地 奴隶贸易	地球知识的更新 地图绘制 交通路线 文化传播	资本主义产生发展 商业利润追求	造船技术与航海技术 风力

知识	学科			
	历史	地理	道德与法治	科学
工业革命	火车、轮船的发明与使用	交通路线的丰富和扩展自然资源的开发与消耗	生产力的决定作用科技也是生产力	蒸汽机传动装置钢铁冶炼电力
世界大战与战后世界	陆上交通、水上交通与航空业发展的作用	交通路线的丰富和扩展自然资源的开发与消耗	战争与和平综合国力制度保障	电力技术发动机技术数字化技术

在该项目式学习活动中，学生要尝试从历史、地理、道德与法治、科学等多学科综合认识不同历史时期水陆交通发展的情况，并探讨水陆交通发展与国家治理、经济交流、社会生活等方面的关系，认识水陆交通发展的重要作用。

（二）实践性

安桂清教授在《论义务教育课程的综合性与实践性》中指出：实践是在特定的实践情境中认识与体验客观世界，并有目的地运用所学知识解决实际问题的学习活动。学生只有参与到和学科专家工作类似的日常生活中，才能学到更深层的知识。所以学科学习要建立在真实性的专业实践基础之上。素养时代的实践不再是朴素的直接体验或学科知识所代表的抽象的间接经验的应用过程，它在本质上体现为一种真实性的专业实践。课程实践化不再只是谋求"真知"的手段，作为一种专业实践，它成为课程的本质属性。

《义务教育历史课程标准》（2022年版）中指出：跨学科主题学习活动要聚焦历史与社会现实问题，以学生的自主性、合作性、探究性学习为主，注重提高学生研究和解决实际问题的能力与方法，促进学生将学科知识与社会问题的解决联系起来，实现学习的有效迁移，促进学生的全面发展。

《义务教育数学课程标准》（2022年版）中也指出：初中阶段综合与实践领域，可采用项目式学习的方式，以问题解决为导向，整合数学与其他学科的知识和思想方法，让学生从数学的角度观察与分析、思考与表达、解决与阐释社会生活以及科学技术中遇到的现实问题，感受数学与科学、技术、经济、金融、地理、艺术等学科领域的融合，积累数学活动经验，体会数学的科学价值，提高发现与提出问题、分析与解决问题的能力，发展应用意识、创新意识和实践能力。

基于此，我们不难发现，跨学科项目式学习强化的是学科实践的跨学科性。一方面学科学习与现实探究、社会实践有机集合，借助不同学科的知识整合和多种方法的综合运用，实现学习的有效迁移。它超越了学科实践所表征的用学科的方式做学科的事，致力于用跨学科的方式解决真实问题或现实任务，这意味着跨学科实践的学习途径更加多样化：比如调查研究型、综合表达型、社会参与型、策划实践型等。

仍然以"历史上水陆交通的发展"这一跨学科学习主题为例，在活动延伸环节有如下设计：学生可在探讨水陆交通发展的基础上，进而对近代以来航空事业的发展进行多方面的探究学习，还可以从大交通的视角，综合研究各种交通方式的合理配置、整合优化，将历史与现实结合起来，展望交通发展的宏远前景。这恰恰就体现了跨学科项目式学习的实践性。

复旦大学陈思和教授认为，孩子学习是要建构三个世界：第一个世界，即"知识的世界"，二是"实践的世界"、三是"心灵的世界"。后两个"世界"其实都是要依赖知识与生活的联系，也就是今天我们学习时，需要在发现问题、解决问题的过程中，透过知识去发现、感悟真实的生活、真实的世界。因为当我们去发现、感悟真实世界的时候，也就是当知识产生了它的应用价值时，会慢慢让人的情感在这个过程中滋生出来，这就是学习的意义。

（三）探究性

在跨学科项目式学习中，学生必然要以已有经验和知识为基础，对主题进行积极探索、亲身体验、实践探究，进而发现知识、获得知识、掌握方法、解决问题、发展技能。建构主义学习观认为，学习是学习者在已有知识、经验的基础上主动建构信息的意义的过程。学生学习时应基于自己与世界相互作用的独特经验去建构自己的知识并赋予经验以意义。所以跨学科项目式学习，学生从自身的已有经验出发，通过主动探究与发现"生长"出新的知识经验。因而通过跨学科主题学习，学生的主体意识和主体能力进一步发展，思维品质和思考能力进一步提升，学习兴趣和实践意识进一步增强。

《义务教育历史课程标准》中跨学科学习主题 3 为小钱币的大历史。在这一项目式学习过程设计中，设计者设计了如下问题：

无论是在古代还是近现代，人们的经济生活离不开货币的使用。历史上的钱币千姿百态，从中可以窥视到政治、经济、文化、社会等多方面的发展情况。中外历史上各个时期钱币的具体形制、形态是怎样的？我们从这些形形色色的小钱币中能够获得哪些历史信息？

全班学生以自学的方式，按任务要求收集整理中外历史上各时期的钱币图片，把握历史上货币发展的基本情况上布置了如下学习任务：

全班分为若干小组，按历史时期分别对中外历史上的钱币形态、运行状态和书法字体的演变进行梳理，可围绕"秦统一货币的意义""圆形方孔钱为什么能在中国古代史上长期使用""纸币如何得以稳定流通""白银的广泛使用对明清历史的影响""欧元在当代欧洲联合中的作用"等主题，对中外历史上的货币发展历程展开深度学习与研究。

学生在进行此项目学习中，不仅要对中外历史上货币的具体情况和演变过程进行深入、系统的了解，而且要结合道德与法治、数学、艺术等课程的知识与技能，综合对货币的历史进行研究，在探究中学生的综合素养和实践能力也会因此得以提升。

（四）多样性

跨学科项目式学习活动，必然要借助丰富多样的课程资源，为学生提高创新精神和实践能力搭建多维度的平台；提供多样化的学习途径，多领域、跨阶段提出问题，探索多种解决问题的方案，运用多种途径和手段，使学生在解决问题的过程中得到多方面的发展。

《义务教育历史课程标准》（2022 年版）中跨学科学习主题 5 为社会发展与生态环境。在该主题中设计了如下的活动过程与方法：

（1）提出问题：现代化发展与生态环境的保护，是近代以来人类社会发展面临的问题。西方国家在工业革命以后出现了哪些生态环境方面的问题？这些问题造成了什么样的后果和影响？我们从历史上社会发展与生态环境保护的进程中能够汲取哪些经验教训？

（2）全班学生逐个分配任务，整理西方工业革命后环境问题的资料，收集相关环境事件的图片，了解工业革命后环境问题的基本情况。

（3）全班分为若干小组，按照国别分别对反映该国工业革命后水文、土地、生物、气候等方面的环境问题、环境事件的资料和图片进行梳理；也可以超越国家界限，就某一类环境问题，如植被破坏、河流污染、温室效应等，梳理相关资料。在搜集资料过程中，不仅要注意环境问题，也要注意环境治理的措施。

（4）各小组在研究学习的基础上，对整理的资料进行总结概括，形成简练的新闻稿，并配上相应的图片；小组成员进行分工协作，熟悉新闻内容。

（5）各小组组长在一起商量举办"社会发展与生态环境"模拟演播室的录制方案。各小组协同合作，完成新闻演播室的场景布置，以及器材设备的调试。

（6）全班学生参与模拟演播室的新闻录制，对录制的音视频进行剪辑，在校电视台、广播台播出展示，扩大宣传，共享研究成果。

活动延伸：可在研究西方工业革命后环境问题的基础上，对当代世界发展与生态环境保护问题进行拓展研究，进一步了解社会发展与生态环境的关系；还可从中国古代的人与环境共生的思想来探讨环境保护的重要作用，为社会发展与生态环境问题的解决提供中国智慧。

在此我们不难发现，在这一学习过程中，不仅依托的学科知识是多样的，任务形式是多样的，研究手段是多样的，结果的呈现形式也是多样的。

（五）生发性

跨学科项目式学习，学生要在自主探究中生成对学科知识的再理解，对事物形成新的认识，而在探究的过程中学科素养也会因此得以提升。《义务教育历史课程标准（2022 年版）》在第 4 个跨学科学习主题"历史上的中外文化交流"中确定了如下的活动目标：

（1）搜集、整理相关材料，了解历史上中外文化交流的史事；将历史学习与语文、地理、艺术等课程的学习内容结合起来，综合运用多学科的知识，深化对中外文化交流方式和特点的认识，从文化交流的角度探讨中国与世界的关系；既包括区域之间、民族之间的文化交流，也包括国家之间、文明之间的文化交流，是保持文化活力的条件。

（2）通过活动，从"一带一路"了解中华优秀文化对世界文明发展的贡献，认识中国文化的世界意义，树立文化自信；了解历史上外国优秀文化对中国的影响，认识吸收、借鉴优秀外来文化的意义，理解和尊重世界各国、各民族的文化传统。

（3）在活动过程中，通过材料的搜集和运用，对不同历史时期中外文化交流的情况进行梳理和论述，发展历史课程多方面的核心素养。

在这个学习活动中，若达成学习目标的话，那么"认识双向或多向的文化交流的内涵及作用，认识中国文化的世界意义"都是在学习过程中生成的新的学科理解。所以跨学科项目式学习具有生成性。

（六）可操作性

跨学科主题学习活动的设计要便于教师教和学生学，问题不能过于抽象和宏大，要贴近学生的生活实际，真实、具体，从学生身边的事物、场景入手，让学生真切感受到问题的存在以及解决问题的重要性。同时，教师要引导学生运用多学科、多领域的知识和方法解决实际问题，如此才能切实发挥跨学科主题学习的优势。《义务教育地理课程标准（2022 年版）》在"我的家在这里"的跨学科项目式学习活动中，主要涉及了如下三个方面的学习任务：

一是调查家乡的地理环境及人们的社会生活。通过野外考查、社会调查、资料查阅等方式，从不同视角认识家乡地理环境与居民生产生活的关系，如本地区的地形、气候等自然环境特征及其对传统民居的结构、造型等方面的影响；从地形、自然资源、交通等方面分析城市或乡村形成与变迁的主要因素。完成这些学习任务，需要运用地理、美术等知识。

二是调查家乡的历史变迁。充分调动社会资源，以时间为轴，结合社会发展的事实，感受家乡的变迁。例如，访问历史见证人、历史学者、阅历丰富的长者等，从不同层面、多种角度收集历史素材。家庭也是历史学习的重要资源。家谱，不同时代的照片、图片、实物，以及长辈对往事的回忆，皆有助于学生了解家庭的变化，并由此反映出家乡的变迁。完成这些学习任务，需要运用历史知识。

三是调查家乡的建设和发展。要以家乡发展的真实人物和事件为抓手，从具体案例中领会家乡的发展，如家乡的环境变化、经济发展等。在社会调查的过程中，感受家乡的新面貌，如果发现存在问题，可向有关部门提出合理的建议。完成这些学习任务，需要运用地理、历史、道德与法治等方面的知识。

这一学习活动主要围绕学生日常生活的居住地和学校开展的，周围的人与物都可以作为学习活动的资源。学生既可以实地观察传统民居与现代居民区在格局、造型等方面的特征，又可以从历史、地理角度看到家乡景观的变迁，感受家乡的发展。可以说，所有的学习任务都是贴近学生生活，具体可操作的。

三、跨学科项目式学习的价值判断

（一）培育和发展学生核心素养的重要途径

林崇德在《中国学生核心素养研究》一文中提到，为了了解当前中国社会民众对于人才培养的期盼与需求，采用焦点小组访谈、个别访谈和问卷调查相结合的方式对全社会各领域专家群体的意见进行了调查。对我国学生发展核心素养的期望与意见访谈结果表明（见图3-1），相对于"知识基础"领域中的学科素养，被访谈者更为强调各类跨学科素养的养成，并将其作为决定个体核心竞争力的主要方面，在被提及频率排名前十位的素养指标中有九项为跨学科素养。

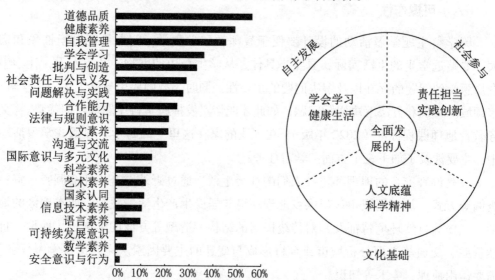

图 3-1　不同社会群体访谈调查的总体结果　　图 3-2　中国学生发展核心素养体系总框架

中国学生发展核心素养，以"全面发展的人"为核心，包括自主发展、社会参与和文化基础三个领域、6 项核心素养指标（见图 3-2），综合表现为学会学习、健康生活、责任担当、实践创新、人文底蕴、科学精神。跨学科项目式学习由于其自身的特点，无疑是有益于促进学生核心素养的发展。

《跨学科项目化学习："4+1"课程实践手册》中谈到，跨学科的项目化学习包含很多种课程样态，其中一种形态就是系统的课程形态的项目化学习，这一课程也被称为 IB 课程。IB 课程专注于学生在学术、社交和情感方面的健康发展，鼓励学生独立自主学习，为自己的学习负责，支持学生为理解世界及改善社会生活所做的努力，帮助学生树立自我价值观，并在此基础上形成世界公民意识。IB 课程的十大学习者形象清晰地勾勒出这一课程总的目标导向（见表 3-2）。

表 3-2　IB 课程的十大学习者形象

积极探究	我们培养自己的好奇心，逐步掌握开展探究和研究的技能。我们知道如何独自或与他人一起开展学习。我们对学习充满热情，并终身保持对学习的热爱。
知识渊博	我们发展并利用对概念的理解，跨越一系列学科探索知识。我们对各种具有当地和全球重要性的问题和思想观点进行探讨。
勤于思考	我们运用批判性和创造性思维技能，对复杂的问题进行分析并采取负责任的行动。我们积极主动地做出理由充分、合乎伦理的决定。
善于交流	我们使用一种以上的语言，以多种方式充满信心和富有创意地进行自我表达。我们有效地开展协作，注意倾听他人以及其他群体的观点。
坚持原则	我们处事正直、诚实。有强烈的公平和正义感，尊重世界各地人民的尊严和权利。我们对自己的行动及其后果承担责任。
胸襟开阔	我们以批判的态度欣赏我们自己的文化和个人的历史，以及他人的价值观和传统。我们寻求和评价一系列广泛的观点，并愿意通过经验来丰富自己。
懂得关爱	我们表现出同理心、同情心和尊重。我们努力开展服务，通过我们的行动使他人的生活和我们周围的世界发生积极的变化。
勇于尝试	我们深谋远虑和坚决果断地应对变化不定的事物；我们独立或通过合作探索新的思想观点和新颖的策略。面对挑战和变化，我们表现得足智多谋和灵活机敏。
全面发展	我们理解在生活中做到智力、身体和情感均衡发展的重要性，这样才能使我们自己和他人幸福康乐。我们认识到自己与他人以及我们所处世界的相互依存关系。
及时反思	我们对世界和自己的思想观点、经验做出深刻缜密的思考。为了支持我们及时反思的学习和个人发展，我们努力了解自己的长处和弱点。

在 IB 课程学习者目标描述中，我们不难发现，作为跨学科项目化学习的样态之一，其目标仍然指向了核心知识、必备的品格、关键能力、正确的价值观，指向的是学生发展的核心素养。跨学科项目式学习突破了学科壁垒，能够很好地解决书本知识与现实情境割裂的问题，以多学科整合探究、任务完成或解决问题为途径，让学生在与特殊情境的有效互动中，成功应对情境的复杂要求和挑战，将知识、技能、态度进行统整，最终形成并发展核心素养。

（二）强化课程协同育人的必要手段

长久以来，学校的课程形态都是以分科制为主的，诚然，在学业成就导向之下，分科制的优势很明显，它可以使学生的学科学习更为精准、有效、系统、专业；但分科课程过多容易带来一些问题。具体表现为：分科容易割裂学科间的有机联系，学生难以建立对事物的整体认识；以知识的逻辑体系为核心组织起来的学科课程更容易导致轻视学生的需要和经验，脱离生活实际，造成学生实际动手能力下降。

《教育部关于全面深化课程改革落实立德树人根本任务的意见》《中共中央国务院关于深化教育教学改革全面提高义务教育质量的意见》等文件中提出，要在落实立德树人根本任务下"坚持五育并举"，在课程方面"增加学生选择学习的机会，满足持续发展、个性发展需要"，以及"重视差异化教学和个别化指导"。要做到这些，单纯依靠分科教学肯定不够，还需要我们进行课程的统整，实施跨学科项目式教学，发挥课程育人功能。

与传统的学科教学不同，跨学科项目式学习是一种深度的探究活动，它能够促进学生执行能力的发展，促进学生合作性的问题解决，以及创造性与批判性思维的发展。跨学科项目式学习，它的主体指向在于创造，创造新意义，创造新知识，发展新思维，通过揭示自然和社会中的现象、问题带给学生惊奇的感受，使学生开启探索性的理解之路。这样的课程需要学生和教师进行体验、互动与生成，而正是在这种与不确定的惊奇的对话过程中，学生获得了最深刻的记忆。

2021年度诺贝尔奖的一个非常亮眼的关注点是：跨界跨域的复杂系统研究，将生理学或医学、物理学和经济学的获奖领域和成就结合起来形成跨学科交叉地联想考虑。多学科有如此高度的契合点和共同研究兴趣，这既是表象上的巧合，也有其内在的必然。就如经济合作与发展组织教育与技能司长安德烈亚斯·施莱希尔在其文章《教育面向学生的未来，而不是我们的过去》中谈到的一样，他说：濒危的环境是我们在21世纪面临的教育背景。人口增长、资源枯竭和气候变化迫使所有人对可持续性以及如何满足子孙后代需求进行思考。同时，科技与全球化之间的相互作用带来了新的挑战和机遇。数字化极大地增强了我们个体和集体的潜力，并以此方式将个人、城市、国家和各大洲连接起来。但是，这样的力量也使世界充满着动荡、复杂和不确定性。学校教育要为学生的未来发展做好准备，就必然要培养其独立应对社会挑战、解决各种问题的能力。而跨学科项目式学习强调创设真实的、生活化的问题情境，促使师生在问题解决过程中综合运用多门学科知识和多种方法，突破单一学科的边界，避免不同学科知识的无效联系和生硬拼凑，有利于实现课程协同育人功能。

（三）教师自主发展的重要途径

跨学科项目式学习活动的展开，不论是主题的选取，还是活动过程的设计，乃至结果的评价与反馈，无不需要教师专业素养的支撑。主题的选取，恰恰也体现了教师的课程资源开发的意识与能力。《普通高中历史课程标准》（2017 年版 2020 年修订）中提到，作为历史教师，应当加强课程资源意识，提高对课程资源的认识水平，积极、充分地开发和利用各种历史课程资源。教师自身的课程资源意识和开发运用能力，对课程育人功能的实现有重大的影响。

教师在跨学科项目式学习活动开展进程中，自身的教学理念、知识结构、教学策略等，必然也会逐步的调整，以适应不断发展的教学需求。原有的分科教学，更多的需要基于知识系统性的教学，建构学科知识结构，但跨学科项目式的学习，则需要教师要建立"基于项目的问题解决"的意识，在此观念下，清晰规划。跨学科项目式学习，涉及大量情境中的知识，各种问题和大量的信息扑面而来，会让老师们惊觉自身知识的困乏，无法解决学生的问题，这就促进了不同学科教师之间的主动沟通，跨学科项目式学习过程也成为教师和学生一起探索解决问题的过程。教师需充分利用各学科知识结构体系，来支持学生进行主题式项目的研究，既让学生的研究有深度，所学得的知识不只对形式与内容的掌握，又让知识具有实用性。当然，在跨学科项目式学习过程中，教师就不能只是知识的传授，教师的角色定位既是教学活动的引导者、探究过程的合作者、课堂情境的测控者和评价者，还可以和学生形成共同体，一起学习和探究。在这个过程中，探究过程重于探究结果，当然，前提是教师首先要创设一个允许学生自主探索的教学环境，培养学生的批判精神。

总而言之，跨学科项目式的学习活动，要求教师从知识结构、能力结构、思维观念等都要跟着学习活动的开展而不断延展，在这一过程，教师的专业素养得以不断提升。

第二节　跨学科项目式学习的设计

前文已经论述了乡土课程跨学科实施的价值所在。本节我们主要探讨如何进行跨学科项目式学习的设计。

一、跨学科项目式学习的设计原则

乡土课程开展跨学科项目式学习，在进行项目设计中应遵循如下原则：

其一，主题选择，源于乡土，依于多学科。

关于如何在乡土课程中开展跨学科项目式学习的设计，本文会参照如下的跨学科项目式学习案例的主题。

《龙乡"源文化"遗址调研项目》

《新时期房山民生变迁项目》

《规划房山研学旅行的线路项目》

《为房山历史名人立传项目》

《我为房山教育绘蓝图项目》

《申请"中国文学之乡"项目化学习设计》

《设计展现家乡风土人情的景观小品项目》

《预测房山科技未来发展项目》

《房山区资源型产业转型的调研项目》

《为房山非遗保护建言献策项目》

在此，我们不难发现，项目主题的选择，必然是源于乡土，比如《龙乡"源文化"遗址调研项目》，就是要通过北京周口店遗址的文化遗存及化石，认识它们与人类起源与中华文明起源的关系；通过西周燕都遗址的青铜器及铭文，知道早期国家的起源特征；通过云居寺的石经文化，认识隋唐时期思想文化领域的新成就；通过金陵的兴衰，认识北方少数民族政权在统一多民族封建国家发展中的重要作用。通过实地考察调研，理解博物馆资源在文化传承与传播中的作用，乡土资源认识文化遗产保护对传承民族文化、维护文化多样性和创造性的重要意义。在项目式学习开展过程中，学生必然要依据原有的历史、地理、政治、生物等学科的知识基础展开。

其二，资源选用，乡土与其他资源有机结合。

课程资源既是课程实施的支撑环境，也是课程内容的重要来源，还是教学活动的展开条件。房山区因其悠久的历史，有很多可供我们利用的乡土资源，从历史学科来看，如周口店猿人遗址、西周燕都遗址博物馆、《没有共产党就没有新中国》词曲创作地，"红色背篓精神"等等。从地理学科来看，有喀斯特地貌、周口店的地质演化、房山磨盘柿、史家营"煤炭之乡"的转型；从政治学科来看，诸如燕山石化国有企业的发展壮大，窦店高端现代制造业的创新发展等等，乡土课程资源非常丰富。作为乡土课程跨学科项目式实施，必然是要依托种类多样化的资源展开学习活动，当然，这里的资源既可以是物质的，也可以是人力的；既可以是校内的，也可以是校外的；既可以是传统的纸质资料，也可以是现代的网络信息等。但总体来看，资源的选用，还应是依托学习主题，把乡土资源与其他资源有机地结合。

以下为《高中学科课程乡土资源选辑》（政史地）中所选辑的房山部分与政治学科相关的乡土资源

资源 1　从史前到西周房山的社会状况

资源 2　从金代看房山的封建社会状况

资源 3　日军入侵房山制造的系列惨案

资源 4　《没有共产党就没有新中国》红歌诞生

资源 5　房山建立的第一个基层党支部

资源 6　新中国成立初期房山县农业互助合作运动

资源 7　改革开放 40 年房山经济社会发展

资源 8　绿色发展和创新发展

资源 9　张坊镇的可持续发展之路

资源 10　房山创建科技金融创新转型发展示范区

资源 11　燕山石化国有企业的发展壮大

资源 12　慧田蔬菜种植专业合作社的创新发展

资源 13　城南行动计划在房山

资源 14　窦店高端现代制造业的创新发展

资源 15　黄山店的绿色发展之路

资源 16　良乡镇现代农业产业园的乡村振兴之路

资源 17　从房山线北延看区域协同发展

资源 18　扎实推进养老服务，提升人民群众幸福感

其三，学习目标，素养导向，厚植家国情怀。

《普通高中历史课程标准》（2017 年版 2020 年修订）中谈到，我国普通高中教育是在义务教育基础上进一步提高国民素质、面向大众的基础教育，任务是促进学生全面而有个性地发展，为学生适应社会生活、高等教育和职业发展作准备，为学生的终身发展奠定基础。普通高中的培养目标是进一步提升学生综合素质，着力发展核心素养，使学生具有理想信念和社会责任感，具有科学文化素养和终身学习能力，具有自主发展能力和沟通合作能力。乡土课程的开发及实施，其目标必然是要厚植学生的家国情怀，但在乡土课程跨学科项目式实施的过程中，必然要使学生逐渐发展核心素养。

其四，学习过程，任务驱动，自主探究。

阿卡西娅·M·沃伦在其著作《跨学科项目式教学》中引用了瓦格纳 21 世纪的技能模型：

1. 批判性思维和问题解决能力——通过对现实问题的研究、探究、调查和反思，促进批判性思维。学生在学习活动、研究、技术和提出项目建议中，学会运用问题解决的技能。

2. 通过关系网络进行协作的能力和通过影响力进行领导的能力——学生进行项目研究时，运用技术与同龄人进行社交互动、开展协作并建立工作关系。从项目开始到项目完成，学生自始至终需要通过团队合作培养他们的领导能力。

3. 灵活性和适应性——学生在开展团队合作与进行调查研究时学会适应——因

为变化是不可避免的。学生运用他们的灵活性和智慧能力，采用不同的策略技巧，提出建议，展示项目成果，以及进行反思。

4. 主动性和创新性——鼓励学生在主题研究的过程中，积极主动，锐意革新，发挥创新精神。学生的成功取决于他们的主动性，如果他们能够积极主动，那么他们就会取得更大的成就。这些技能可以帮助学生做好升学和就业的准备。

5. 有效的口头和书面沟通能力——学生们有很多机会练习和提高他们的口头沟通技巧（与同龄人对话和讨论）、书面沟通技巧以及表达技巧（修辞手段和项目展示）。学生还应学会使用研究证据来证实他们的研究发现声明。

6. 获取和分析信息的能力——学生通过文本、研究和互联网来获得信息。他们通过部分策略，学会分析信息。

7. 好奇心和想象力——学生在教学过程中选择一个能够激发他们好奇心和兴趣的学习主题。教师可以通过项目展示，培养学生丰富的想象力，激发学生的创新性、独创性和独特性。

通过阅读与分析，我们不难发现，在瓦格纳的 21 世纪的技能模型中，很多技能与我们所倡导的素养是一致的。而这些素养的生成必然要在合作与探究中、在问题解决中、在成果展示中、在反思总结中不断地凝练与生成。

乡土课程跨学科的主题式的学习，应该设计学生处于真实的、与生活相关联的情境之中的问题，采取任务驱动的方式，让学生学习的过程就是解决实际问题、完成项目任务的过程。

以任务驱动的形式，让学生从发现事物的本能欲望入手，以学生的切身经历为基础，鼓励学生像文学家、艺术家工作那样去学习，鼓励学生像科学家、工程师一样探究自然或物质世界，去发现和解决实际世界中的问题。鼓励学生在项目完成过程中参与小组讨论和伙伴合作。通过与同伴交流彼此想法来帮助自己构建思想，同时也让同伴学习成为可能。这样，学生才能在探究、合作、解决问题的过程中增强对乡土的了解，热爱学习的过程，发展核心素养。

其五，学习评价，多元评价，引导发展。

课程的本质是育人，促进学生"知、情、意、信、行"的统一，让学生在知识与能力、过程与方法、情感态度与价值观念方面得到统一和谐的提升，是乡土课程重点目标追求。学生的学习评价是教学评价的重要组成部分，具有导向、激励、调整、鉴定等功能。在评价中可以使用量表、行为观察、档案袋、作品展示等评价方式，教师帮助学生策划与实践，记录与证明和下结论有关的技能，运用适宜的线索和提示引导学生进入下一阶段的学习。

二、跨学科项目式学习的设计框架

前文所述，项目式学习进行案例设计主要包含如下六个方面的要素：

· 素养目标

· 主题内容

主题内容是什么

所需资源：乡土课程、乡土课程资源、国家课程资源

· 问题驱动

· 解决问题——运用知识与学科思维方法，解决问题，培养价值观

· 学习成果（交流）

· 评价反馈（过程性评价和物化的学习产品、反思）

乡土课程的跨学科项目式学习的设计也基本遵循如上六个要素，但具体内容略有不同。那么跨学科项目式学习应该如何设计呢？

第一，以素养为导向，科学设计学习目标。

依托不同学科的核心知识，进行深度学习，培养学生的核心素养，应该是跨学科项目式学习的目标。所以，在进行学习活动设计时，在进行目标设定时，必然以素养为导向。

以"规划家乡研学旅行的线路"这一跨学科学习主题为例，其学习目标如下：

（1）通过网络、书籍、实地考察、访谈等，全面理解房山区的研学资源的类型、特点、分布等，并学会筛选研学资源的方法，增进知家乡爱家乡的情感。

（2）通过自主选题、小组合作的方式，融合多学科知识，与同伴合作设计研学旅行的线路，并运用地图绘制出研学线路图及配上研学线路设计的说明。

（3）汇报和对比讨论设计的研学旅行的线路，并对设计的线路方案进行评估，形成博采众长的思维方式和"质疑"的能力。

（4）结合区域实际，整合研学资源，规划设计出一条或一系列有主题性、有系统性、有针对性、有特色的研学旅行的线路。

此目标设计体现了两方面的核心素养：一是学科核心素养（区域认知、家国情怀、信息意识）；二是学生发展核心素养（人文底蕴、实践创新）。

在这个项目的目标设计中，既要发展学生地理学科区域认知的素养，也要培育历史学科的家国情怀，同时发展信息技术学科的信息意识。跨学科项目式学习，使学生综合素养提升。

再比如主题为"设计展现家乡风土人情的景观小品项目"的学习项目，设计了如下学习目标：

（1）学生通过查阅资料、参观考察，全面了解家乡特有的自然环境、人文环境和社会环境。通过查阅资料、实地调研家乡现有的景观小品，探究现有景观小品在设计中存在的问题。

（2）学生通过团队合作对地域文化资源进行挖掘和梳理，探究地域文化元素对景观小品的启示，针对问题明确解决策略。培养并提升团队协作能力、建构能力、

审美能力与创新能力。

（3）学生通过合作设计家乡风土人情的景观小品实践，关注并彰显家乡文化，增加心理归属感和社会责任感，提升人文素养和文化自信。此项目也体现了两种核心素养，一种是学科核心素养，包括区域意识、综合思维、责任意识；另一种是学生发展核心素养，包括人文底蕴、责任担当。

在这个项目的目标设计中，既要发展学生地理学科区域认知素养与综合思维，也要培育政治学科的责任意识。跨学科项目式学习，也能发展人文底蕴与责任担当。

第二，围绕主题内容，厘清核心知识。

对于原有的分科教学来说，每个学科都有自己相对固定的知识体系，这对于我们探寻学科本质奠定了基础。但跨学科教学并没有像学科教学那样稳定的知识体系。在跨学科项目式学习中，要么是学生要依据不同学科的知识，通过不断的探索，获得新的学科理解；要么是在原有各学科知识的基础上，获得新的学科知识的增容。但总而言之，每一个项目式学习活动的设计，必然要厘清我们目前的核心知识的基础在哪？我们要达到的知识的彼岸在何处。这样，我们才能在此基础上，聚焦学科本质，聚焦学科思想方法的综合理解与运用。

以"我为房山教育绘蓝图项目"为例，它就涉及到了要依据多学科的基础来解决问题。

历史、地理教育的发展：

教育的发展受时代背景、历史因素、地理环境以及其他政治、社会与经济的影响，整理出影响教育发展的因素并对比古今教育发展影响因素的差异。

数学：

如何以图表的方式量化，清晰表达房山教育的发展历史与现在学校的分布布局。

艺术：

绘画出房山教育的未来发展蓝图，可以是一张规划蓝图，也可以是你理想的未来教育的图景面貌，并解释图中承载的关键因素与信息。

在乡土课程中开展项目式学习，一定是研究与区域相关的主题，涉及到的必然是多学科的知识的统整与应用。

第三，有效设计学习任务，问题驱动探究解疑。

乡土课程下跨学科项目式学习与学科教学的明显不同在于学生是基于真实的乡土情景，具体地解决现实问题。所以，在设计中必然要有效设计学习任务，以问题驱动的形式促使学生去探究。问题驱动是通过对所研究的事物或现象的渐次追问和探究，逐步揭示事物或现象的本质，其中的渐次追问就是对学习主题或者研究任务提出一系列由浅入深、由表及里，具有启发性的问题。这些问题能够帮助学生深入思考，促使学生思维模式发生变化或者产生适当跳跃，帮助学生重新构建知识结构，对原来的问题能够进行重新认识。因此，在进行跨学科项目式学习过程中，基于任务基础上的问题设计就显得特别重要，它是推动学生思维生长的助推器，是促使学科知识升华的线索。

以"论证新时期房山民生变迁项目式学习设计"为例，在学习中主要涉及了如下探究任务：

改革开放新时期开创的中国特色社会主义从根本上改变了中国人民和中华民族的前途命运。新时期中国发生了巨变，新时期房山人民生活也发生了翻天覆地的变化。学生通过查阅资料、调查研究、系统分析，运用某种论证方法，论证新时期房山民生发生了怎样的变迁。进一步探究新时期房山民生变迁的原因。

在本学习项目中，如何感受房山民生变迁？学生主要是要通过发生在身边的变化来体悟，同时，从学科思维拓展来看，是要在史实基础上进一步探究发生变化的原因。如果说前面的任务要通过查阅资料、调研等方式，那么后一个问题的解决，则要依托史实，进行系统化的分析。

再如"为房山历史名人立传项目式学习设计"主要涉及了如下探究问题：

房山近现代历史名人的活动及贡献，体现了中国共产党人在推动中国革命、建设、改革事业中怎样重要作用？体会他们对伟大祖国、中华民族、中华文化、中国共产党、中国特色社会主义有着怎样的情感？

房山近现代的名人有很多，抗日战争时期的赵然，从镇江营走出去的国家功臣董占林，新中国成立后"把商店装进背篓里"的王砚香、有山区铁脚板之称的邮政员任成水等等，他们为中国的革命和建设均做出了重要贡献。因此，"为房山历史名人立传"这一项目的学习活动，学生首先要通过广泛的调研及查阅资料，了解房山近现代的历史名人有哪些？然后锁定某一个历史人物进行深入的探究，了解其主要历史活动，再结合时代背景分析其活动对中国革命、建设乃至改革开放所起到的作用。

第四，设计问题解决流程与策略，推进项目目标实现。

学生运用所学知识解决问题的过程是一个由尝试逐步向创造发展的过程。在驱动性问题解决的过程中，也会促使学生高阶认知的发生，形成有影响力的真实成果。一般情况下，跨学科项目式学习，可以首先按照学生感兴趣的领域划分若干研究小组或任务小组，然后，每个小组遵循一定的流程进行探究学习。一般情况下，各组要经历明确主题、查找资料、确定问题、运用方法（如访谈、观察、实验、文献、问卷）、处理信息、得出结论和反思交流等流程。当然，在项目开展前及进行过程中，教师的指导是非常必要的。

以"房山区资源型产业转型的调研"项目式学习设计为例：

一、入项活动

讲一个故事：佛子庄乡上英水村近30年的产业发展的历程

展示景观图:(图略)

房山区佛子庄乡:从"黑"转"白"再到"绿"英水沟域实现美丽蜕变。(煤炭及相关产业——蘑菇及加工——生态文化旅游,精品民宿产业)

你做过调研吗?一般在什么情况下,需要调研呢?我们究竟怎么开展调查呢?首先我们要明确调查的问题是什么?

二、任务分解

常用调研报告模式:"现状""问题""对策"。

房山区资源型产业转型的调研,前期准备、组织实施、后期加工三个环节:

(1)前期准备,就是根据调研目的,拟定调查提纲、收集相关调查资料的过程,包括调研对象遴选、调研样本确定、调研方法使用、调研时间选择等。

(2)组织实施,就是调研人员依照调查提纲,开展调查研究的过程,通过一定的调研方法,完成调研任务的过程。

(3)后期加工,就是在前期准备和调查的基础上,进行调查数据资料汇总分析,撰写形成调查报告的过程。

三、调查任务

教师运用如下问题促进学生思考、调研:

1.资料调查:房山区资源型产业基本情况

(1)查阅资料,了解房山区资源型产业包括哪些产业?
(2)通过图文资料,分析房山当时发展资源型产业的条件。
(3)房山资源型产业发展中出现的环境问题、社会问题。

2.访问调查、问卷调查:房山资源型产业转型中面临的主要问题

走访矿区转型的乡镇,如史家营乡、大安山乡等,进行调研。设计访问的提纲,设计调查的问卷,确定采访的人员。把谈话的内容录下来,然后整理。收回调查问卷。

3.房山促进资源型产业转型采取的措施

静态分析与动态分析相结合。通过静态分析对不同时期的资源型地区的替代产业选择进行比较分析,着眼于动态、发展的观点,分析房山地区产业发展过程中政策、法律、资源等影响。

4.评价房山资源型产业转型的成效

（1）看了南窖乡沟域经济规划专题片，初步了解我区资源型产业退出后，在沟域经济发展方面取得的实际效果及规划。

（2）宏观分析与微观分析相结合。宏观方面主要涉及分析房山区功能定位、法律法规、产业政策、金融政策等因素对产业转型过程中替代产业选择的影响；微观方面，主要涉及分析区域内政府部门、企业、中介机构等产业发展的作用，并结合区域资源、环境、区位、人才等方面进行优劣势分析。

在这一学习过程中，教师通过严谨的活动过程的设计，引导学生了解调研活动的流程：前期准备、组织实施、后期加工三个环节。明晰调研的方式与方法，进行了明确的调研阶段及任务的分工，对于调研结果的分析等进行了有效的指导，引导学生在一步一步的任务推进中完成项目式学习。

第五，精心设计成果呈现方式，为项目学习点亮一颗星。

跨学科项目式学习，学习成果的呈现方式可以是多样的。比如"为房山历史名人立传"项目式学习设计。

个人成果： 房山近现代历史名人采访提纲与记录、房山历史人物评价小论文等

团队成果： 房山历史名人小传；历史人物研究的方法、策略；房山历史名人项目结构化知识图示

有学生参与到项目学习中，并形成了如下成果：

鞠躬尽瘁　浩气长存
——我为房山区抗日英雄赵然立传

北师大良乡附中 高二 8 班 鲁泓宏

今年是中国共产党成立 100 周年，翻开百年史册，一名名共产党员用生命与鲜血筑起中华龙的脊梁；回望百年历程，一代代共产党员用顽强和拼搏展现龙图腾的精神。我们龙乡共产党人赴汤蹈火、矢志不移的初心在百年画卷中流淌，其中房山革命先烈赵然同志就是其中浓彩的一笔。

赵然，1918 年出生在房山县河北乡李各庄村一个普通的农民家庭里，尽管家庭贫困，但父母对他的教育非常重视。赵然八岁起在本村读小学，1933 年考上房山简易师范，这让他有了开阔的视野，接受了先进的革命思想文化熏陶。1936 年，赵然从师范毕业后，到河北乡的晒台村当教师。此时东北三省已经沦陷，心系国家安危的赵然平时除了教学生学习知识外，还经常向学生讲述抗日救国的主张。

1937 年 7 月 7 日，卢沟桥事变，日本帝国主义发动了全面侵华战争，国民党的军队南撤，房良两县沦陷，日寇在房良到处烧杀抢劫，制造一起又一起的惨案，村庄横尸遍野，瓦砾成堆。赵然疾首顿足，仇恨满腔，"苟利国家生死以，岂因祸福避

趋之？"的救国情怀深深地植根于他的心中，此时却找不到为国奉献的机会。直到1938年1月，邓华支队派包森来到房山五区南窖，开辟抗日根据地，这就像黑夜中的明灯，指引了赵然救国救民于水火道路。1938年3月，他毅然投笔从戎，到五区参加革命，并加入中国共产党。

在革命过程中，赵然为房山人民的抗日斗争立下了不可磨灭的功勋。他足智多谋，英勇善战。1939年任中共房梁联合县委书记兼大队政委期间，面对日伪军的疯狂"扫荡"，他带领县大队，进行除奸反特，恢复党组织和村政权工作。1941年敌人在张坊建立了据点，堵住了抗日根据地的南大门，卡住了根据地与平原粮食区的通道。在赵然摸清敌情后，毅然决定夜袭据点，为了拔掉这个钉子，赵然带病指挥战斗，经过一夜的激战，获得全胜，扫清了根据地通往平原的障碍。1942至1943年间，根据地遇到了严重困难，为渡过难关，赵然和群众一起啃树皮、吃野菜，同时他带领全县人民开荒种地、种菜、烧炭、养猪养鸡、搞运输等，开展了轰轰烈烈的大生产运动，缓解了根据地的生活困难，发展和巩固了根据地。

在这抗日战争的艰苦岁月里，赵然日夜奔忙，积劳成疾，早在1941年就染上了肺病，但他以"重时理一理，轻时不管它"的态度和惊人的毅力，同疾病进行了顽强的斗争。他带病努力学习，带病坚持工作，带病参加战斗……但到1944年，病情日趋严重，1944年5月19日清晨，赵然同志与世长辞，年仅26岁。赵然的一生虽然短暂，但他救国于危难崇高信念、救民于水火实际行动，一直影响着包括我在内的一代又一代的中华儿女。正如房山县抗联会为赵然同志所作的挽联："领导民族健儿，杀敌致果，巍巍丰功传百代；献身革命事业，鞠躬尽瘁，耿耿赤诚照千秋。"

百年征程波澜壮阔，百年初心历久弥坚。自1840年鸦片战争开始，中国逐步沦为半殖民地半封建社会，中华民族承受着巨大的屈辱和灾难，人民生活在水深火热之中，国家濒临灭亡。像赵然这样的革命英雄数不胜数，正是这样的民族脊梁，撑起了中华民族的复兴之梦。我们作为新时代的青年，一定会铭记历史，感恩先烈；当以家乡、国家的英雄为楷模，牢记使命，担负起国家赋予的时代使命，为中华民族伟大复兴做出我们的贡献，做一个"有信念、有梦想、有奋斗、有奉献"的龙乡人。

第六，设计多元评价方式，诊断指导项目推进。

为使课程得到不断改进和完善，教师的课程评价力就十分重要，这就要求教师要通过对课程的感知、反思、批判和改进，不断增强课程对核心素养培育的作用。其中可以采取形成性评价及表现性评价相结合的方式。形成性评价有利于促进教师对项目过程的引导。教师对项目过程的引导体现在：创设生动的课程情境展开活动，通过回顾、诊断、监控和调试，不断开展反思和批判，调节原有课程理解和课程行动，进而形成新的课程理念，筹划新的课程实践方案。表现性评价有利于促进教师对学生个体差异的正视。一般我们在对学生的项目完成情况进行评价时往往会采取表现性评价。在此可以用量规来评估学生的知识掌握情况、解决问题能力、合作和沟通能力等学习过程。

当然，在评价方式上，多元的评价对项目学习有很好的诊断及导向作用。评价的多元体现在如下几个方面：一是评价主体多元化。在项目活动中，教师不再是评价的唯一主体，参与评价的还有学生、家长、专家和第三方。二是评价标准多元化。评价不能采用"一刀切"的形式，而是对学生在学习过程中的各方面表现进行评价。当然多元的评价还包括评价方式多元化，如上文所述，依托形成性评价，对学生的学习过程予以评价，在项目总结阶段，多进行展示活动，以表现性评价为主。

比如"论证新时期房山民生变迁"项目式学习设计。就是用了如下评价表：

表 3-3　评价表 1：《论证新时期房山民生变迁》项目式学习小组活动评价表

项目	A 级	B 级	C 级	组内成员评价	小组互评	教师评价
小组分工明确，配合默契						
小组论证资源丰富、典型						
小组展示内容紧扣主题、思路清晰，论证方法得当						
小组展示能灵活、有创意地使用技术来增强展示效果						

注：A 级优秀，B 级良好，C 级一般

评价表 1（表 3-3）主要是对小组整体的学习过程予以评价，评价内容重在学习进程中的小组表现，评价主体也体现了多元性，既有组内成员的评价，也有小组的互评以及教师的评价。

而对于每一个学生在项目学习的整体表现，则依托评价表 2（表 3-4），进行全程的评价。

表 3-4　评价表 2《论证新时期房山民生变迁》项目式学习个人评价表

项目	A 级	B 级	C 级	个人评价	同学评价	教师评价
搜集资料	积极查阅资料，资料丰富、典型，并进行筛选形成文本	能查阅相关资料形成文本	查阅资料较少			
调查研究	积极参与调查研究，获取相关数据信息	能够参与调查研究	没有参与调查研究			
小组讨论	积极参与讨论，发表自己见解	能参与讨论，发表见解	参与较少，不表达自己观点			
与他人合作	善于与人合作，虚心听取别人的意见	能与人合作，能接受别人的意见	缺乏与人合作的精神，难以听进别人的意见			
形成项目成果	积极参与项目学习，贡献较大	能参与项目学习，有一定贡献	能参与项目学习，贡献较少			

乡土课程跨学科项目式学习，更多关注的是学生在学习过程中新的学科理解的生成，因此，在评价中终结性评价采取得较少。

总而言之，乡土课程进行跨学科项目式学习，必然要有素养培育为目标，涵养学生家国情怀；以驱动性任务或问题促进学生主体探究；以有效的评价发挥诊断及导向作用。这样，课程才能真正有效地得以实施，乡土课程也才能真正地发挥其育人功能。

第三节　跨学科项目式学习案例分析

一、历史人文——以"调研龙乡'源文化'遗址"为例

（一）项目的提出

1.项目式学习是以小组为单位，旨在督促学生通过解决真实世界的复杂问题，完成精心设计的驱动性任务，从而获得知识与技能的系统教学模式。就学生发展而言，学生采用项目式学习不仅能够利用已有的学科知识和技能解决面临的问题，还能锻炼学生的协作能力、沟通表达能力、批判思维能力、创新能力以及应对自身生活和所处世界的挑战，从而实现学科核心素养的培养，形成正确的价值观、必备品格和关键能力。

2.房山文化底蕴厚重，文化遗址众多，在北京人文历史上享有"三源"之称，分别为"人之源""城之源""都之源"。"人之源"指的就是70万年前的周口店北京人遗址，让房山成为"北京人"的发祥地，同时，周口店北京人遗址是中国房山世界地质公园，体现古人类文化和地质文化的核心园区，在地理气候研究和物种聚落的研究方面具有较大科研价值。3060多年前的西周燕都遗址，使房山成为"北京城"的发源地，即"城之源"，在定都位置的选择及历史沿革方面具有较大研究价值；860多年前，金代皇帝完颜亮从哈尔滨阿城将都城迁至北京，金代历代皇陵迁至房山，这也是北京成为全国首都的开端，使房山成为"都之源"。

3.调研龙乡"源文化"遗址项目式学习，通过学生实地考察调研，了解这些文化遗址的特殊文化价值，发现目前面临的问题及困境，基于协作探究基础上提出建设性意见，从而为我们进行文化遗产的保护和文化传承建言献策。

4.本项目引导我们通过项目式学习，利用跨学科的参观考察、收集信息资料，考察龙乡"源文化"遗址的地理因素，探寻龙乡"源文化"遗址的独特内涵，评价"源文化"的历史地位及文化价值，形成对房山"源文化"遗址保护和文化传承创新的理念；本项目引导学生利用多学科知识、方法，通过调研，合作探究，实现对

龙乡"源文化"遗址核心知识的再建构；本项目在真实的情境下，学生能够针对项目学习的目标发现问题、提出问题并解决问题，形成调研报告等成果，厚植中华文化底蕴、涵养家国情怀、发展学生核心素养，增强对中华优秀传统文化的理性认识，坚定文化自信。

（二）项目的设计与实施

1. 整体设计思路

调研龙乡"源文化"遗址由搜集资料和实地考察调研两部分组成，整体上分为四个环节：确定研究对象（搜集遗址信息）→ 进行实地调研（核心任务驱动）→ 完成实地考察（完成调研报告）→ 项目学业评价。以调研龙乡"源文化"遗址为主题，以学科课程标准、教材、家乡课程资源为内容，以"问题＋任务单"的形式和小组合作学习的方式，通过前期搜集资料和后期实地调研相结合的方式开展项目式学习。将龙乡"源文化"遗址涉及到历史文化资源、地理环境资源和风俗人文资源，包括"源文化"的由来、历史沿革、生态地理、民俗风情、传统文化等知识融合于特定主题之中，将零散的知识点进行整合构建成完整主题学习内容，使课程内容情境化，从而促进学生核心素养的落实。

在跨学科项目式学习中，知识的选取要依赖于项目情境，项目情境的选取又依赖于核心素养目标的设计。基于实际问题的解决，跨学科学习内容的选取可以是将同一学段不同学科原本交叉或不交叉的知识点进行整合，在实际教学中要依据教学目标有所取舍，突出主体学科的地位。历史学科在调研龙乡"源文化"中具有主体地位，一方面呈现了历史的继承与延续，展现不同历史发展阶段的演变；另一方面，调研龙乡"源文化"其目的是对遗址的保护，更是厚植家国情怀的重要途径之一，因而调研龙乡"源文化"，以历史学科为主，通过其他多门学科的介入，有效地解决问题，更好地达成学习目标。本项目涉及到的学科课程标准内容（见表3-5）。

表3-5 学科课程标准内容

学科	历史	地理	政治
涉及的课标内容	1.1 早期中华文明 通过了解石器时代中国境内有代表性的文化遗存，认识它们与中华文明起源以及私有制、阶级和国家产生的关系；通过甲骨文、青铜铭文及其他文献记载，了解私有制、阶级和早期国家的起源特征。 1.5 辽宋夏金多民族政权并立与元朝的统一 通过了解两宋的政治和军事，认识这一时期在政治、经济、文化与社会等方面的新变化；通过了解辽夏金元诸政权的建立、发展和相关制度建设，认识北方少数民族政权在统一多民族封建国家发展中的重要作用。	3. 认识家乡 • 进行户外考察并利用图文资料，描述家乡典型的自然与人文地理事物和现象，归纳家乡地理环境的特点，举例说明其形成过程及原因。 • 与他人交流各自对家乡的看法并说明理由，解释人们在不同体验和感知背景下对家乡形成的不同看法。 • 举例说明家乡环境及生产发展给当地居民生活带来的影响和变化，并尝试用绿色发展理念，对家乡的发展规划提出合理建议，增强热爱家乡、建设家乡的意识。	1.1 描述不同社会形态的本质特征；解释人类社会发展的一般过程，阐明社会发展的历史进程取决于社会基本矛盾的运动。 3.1 辩证地看待传统文化。领会对中华优秀传统文化进行创造性转化、创新性发展的重要意义，弘扬民族精神。

2. 学习目标的确定

基于发展学生核心素养的跨学科项目式学习的要求，教师不仅要立足于学情，还要熟悉本学段学生学习的各科课标、教材资源、房山区的旅游资源等，合理安排项目学习的内容，在真实情境中落实核心素养。确定发展学生核心素养的路径为中国学生核心素养到学科素养，然后从项目任务解决到落实各学科的知识和基本思想方法。为此，本项目确定的学习目标，见表3-6。

表3-6 学习目标

学生发展核心素养	人文底蕴、科学精神、学会学习、责任担当、实践创新
学科素养	地理学科的核心素养：区域认知、综合思维、地理实践力、人地协调观。 历史学科的核心素养：唯物史观、时空观念、史料实证、历史解释和家国情怀。 政治学科的核心素养：政治认同、道德修养、法治观念、健全人格和责任意识。
学习目标	1. 通过搜集相关历史信息资料，整理、归纳龙乡"源文化"遗址的内涵；通过遗址现场调查，了解龙乡"源文化"遗址的基本状况；运用史料实证方法，分析历史资料，解释评价"源文化"的历史地位及文化价值。 2. 通过搜集相关地理资料，结合遗址实地调研，探究说明龙乡"源文化"遗址的地理因素，贯彻理性思维、批判质疑的思维方法，提升对龙乡"源文化"遗址文化价值的理性认识。 3. 通过搜集相关政治资料，结合实地考察，解释人类社会发展的一般过程，阐明社会发展的历史进程取决于社会基本矛盾的运动，探究说明龙乡"源文化"是生产力发展的必然结果，增理性认识。 4. 运用相关学科的知识与方法，学会探究问题，整体认识"源文化"遗址，形成"源文化"遗址结构化知识图示及项目式学习的方法策略，通过总结反思，写出调研报告等；学生自主探究能力与综合创新能力得到提高。 5. 通过项目学习，增强文化理解、文化认同、文化自信，提升人文素养。

3. 项目实施过程

调研龙乡"源文化"遗址项目式学习从整体上分为四个环节：确定研究对象（搜集遗址信息）→ 进行实地调研（核心任务驱动）→ 完成实地考察（完成调研报告）→ 项目学业评价。通过"问题＋任务单"的设计以及小组合作学习的方式，开展项目学习。

活动一 确定研究对象（搜集遗址信息）

【方法】确定研究对象（搜集遗址信息）（如图 3-3 所示）

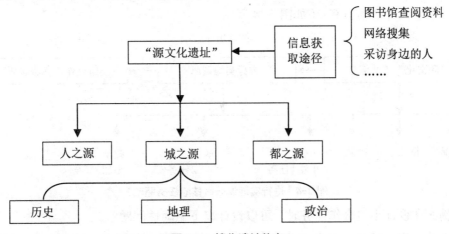

图 3-3　搜集遗址信息

学生通过网络、图书、报刊、采访身边的人等搜集龙乡"源文化"遗址的相关资料，学生学会收集资料和信息的途径。通过调查，了解龙乡"源文化"的相关内容，并尝试分类（分类是认识事物的方法）。通过"问题＋任务单"的设计，促使学生深度思考并小组合作完成研学资源的筛选工作。

【评价】确定研究对象（搜集遗址信息）的评价量表（见表 3-7）

表 3-7　评价量表

等级	评价标准
水平 1	能根据教师提示，利用一种方式对龙乡"源文化"遗址的信息进行单学科的简单查找和收集。
水平 2	能结合给定情境，利用两种以上的方式对龙乡"源文化"遗址信息进行多学科的查找和收集。
水平 3	能结合给定情境，从多元角度查找和收集龙乡"源文化"遗址信息，能简单筛选进行分类整理。
水平 4	能够结合现实复杂情境，通过多元渠道查找和收集龙乡"源文化"遗址信息，对龙乡"源文化"遗址信息进行归类整理，能够从研究性、教育性、保护性等角度提出建设性意见。

【反思】从结果来看，学生大部分都能够达到水平2级以上，说明学生在关注龙乡"源文化"遗址方面有一定的认知基础，为我们开展项目式学习和后续的研究奠定了坚实的基础。但也有部分学生不能借助图书馆、互联网、自身实践和相关资料等完成信息的查找和收集，局限于去过某些景点，对其涉及的历史、地理、政治等方面信息不能分类或认识含糊，说明搜集遗址信息对于这些学生来说有一定难度，因而需要在协作中完成项目式学习任务。

活动二　进行实地调研（核心任务驱动）

【方法】依据项目学习的驱动性问题，挖掘与该处遗址有关的学科知识分解任务，各小组设计活动方案。（如图3-4所示）

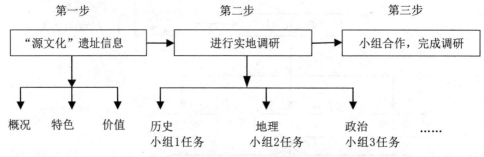

图3-4　进行实地调研（核心任务驱动）

例如在设计小组合作任务时，可以设计以下驱动性问题：

活动小组1任务：龙乡"源文化"遗址现场调研，概括龙乡"源文化"遗址历史变迁，解释评价"源文化"的历史地位及价值。

活动小组2任务：运用地理学科的思维方法与遗址调研，应用信息技术，探究说明龙乡"源文化"遗址的地理区位因素及其原因。

活动小组3任务：结合高中政治学科学习与遗址调研，理性思维、批判质疑、提升对龙乡"源文化"遗址文化价值的理性认识。

按照不同学科的特色，设计不同的问题，这样不仅可以提升学生对各学科知识的联系与整合，实现跨时间、跨情境的迁移和运用，提高了综合思维能力。

【评价】进行实地调研（核心任务驱动）的评价量表（见表3-8）

表3-8　评价量表

等级	标准
水平1	能够根据教师指导，结合"源文化"遗址，提出1个与学科相关的问题，能参与小组合作一起完成调研遗址任务。
水平2	能够结合给定事物，结合"源文化"遗址，通过观察和思考，提出2～3个与学科相关的问题，能够与他人合作，设计简单的实践活动完成调研任务。
水平3	能够结合现实区域情境，结合"源文化"遗址，通过仔细观察和思考，提出3个及以上的与学科相关的问题，能够结合已有学科知识和学习需求，设计复杂的实践活动并完成调研任务。

等级	标准
水平 4	能够结合现实区域以及复杂情境，结合"源文化"遗址，通过仔细观察和思考，说出 4 个及以上更多与学科相关的问题，能够根据自己的想法，结合已有学科知识和学习需求，设计复杂的具有创新性的实践活动并完成调研任务。

【反思】进行实地调研（核心任务驱动），学生在实践基础上形成自己的认识，与收集整理的龙乡"源文化"遗址资料形成互证链条，进一步加深学生知识和学科能力的理解，增进学生对"源文化"遗址历史、地理、人文状况的了解，提高整合教材知识和乡土基地资源的能力。通过小组协作活动，小组合作能力培养、提高对复杂资源的整合与分析能力、学科综合能力与分析论证能力的提升。

活动三　完成实地考察（完成调研报告）

北京人文历史上享有"三源"之称，分别为"人之源——周口店猿人遗址""城之源——西周燕都遗址""都之源——金陵"。依据前期搜集和整理的相关资料，结合实地考察调研，对龙乡"源文化"遗址有清晰、全方位的了解，进而完成"源文化"的调研报告。

【方法】龙乡"源文化"遗址调研报告，按照"人之源""城之源""都之源"三个遗址进行，每个遗址的调研报告又包括历史、地理、政治等学科，下面以"人之源——周口店遗址"历史学科调研报告为例加以说明，其设计思路如表 3-9 所示。

表 3-9　"人之源——周口店遗址"调研报告

主题	"人之源——周口店遗址"调研报告	
学科	历史	
项目	周口店遗址简介	
	周口店遗址的古人类	
	周口店遗址的价值	
	周口店遗址的现状与保护	

【展示交流】展示交流是检验项目成果的有效途径和重要方法，可引导学生选择适当的形式呈现项目成果，既可以满足学生的分享愿望，又能促进学生之间的相互学习，从而实现资源共享。如以"人之源——周口店遗址"历史学科调研报告为例加以说明。

表3-10 "人之源——周口店遗址"调研报告

主题		"人之源——周口店遗址"调研报告
学科		历史
项目	周口店遗址简介	周口店遗址自二十世纪二十年代发现以来，共发现具有科研价值的古人类、古脊椎动物和文化遗存的化石地点27处，发现200多件古人类化石（代表40多个猿人个体），数百种动物化石、近十余万件石制品和丰富的用火遗存。周口店遗址在国际古人类学、古脊椎动物学、第四纪地质学等方面至今仍占有较高的学术地位。1961年被国务院公布为全国重点文物保护单位；1987年被联合国教科文组织列入世界文化遗产名录；1992年被北京市政府授予"北京市青少年教育基地"称号；1997年被中宣部列入"全国百家爱国主义教育示范基地"之一；2006年被共青团中央授予"全国青少年教育基地称号"；2008年被国家文物局评为全国首批国家一级博物馆；2010年被国家文物局评为全国首批国家考古遗址公园；2011年被联合国教科文组织亚太地区世界遗产培训与研究中心授予"世界遗产青少年教育基地"。
	周口店遗址的古人类	周口店遗址有过辉煌的历史。 1918年，瑞典地质学家安特生在鸡骨山（后命名为周口店第6地点）进行试掘。 1921年，周口店遗址核心区龙骨山出土2颗古人类牙齿。 1927年，加拿大人类学家步达生命名了"中国猿人北京种"（后改称北京猿人或直立人北京种，俗称"北京人"）。 1929年12月2日，裴文中在周口店第1地点发现第1个北京猿人头盖骨化石；同年在同一地点发现古人类用火遗迹。 1930年，裴文中在该地点发现古人类制作和使用的石器；同年发现周口店山顶洞遗址。 1931年，裴文中发表关于周口店石器的首篇研究论文。 1932年，发现周口店第15地点。 1933年，发掘山顶洞，出土3具完整的晚期智人头骨化石、石器、装饰品和墓葬。 1935-1937年，发掘第15地点，出土大量石制品和动物化石。 1936年11月，在贾兰坡主持下于第1地点发掘出土3个北京猿人头盖骨化石。 1966年，在第1地点发掘清理出属同一猿人个体的额骨和枕骨。 2001年，在距龙骨山以南约6千米处，发现一个新的化石地点，现被命名为"田园洞"。 2003年夏，正在进行的考古发掘中，清理出土丰富的动物化石和一些属于晚期智人的下颌骨和颅后骨，时代略早于山顶洞。这是周口店遗址近年来在材料发现和研究方面取得的最新、最重要的突破。 2009-2016年，为配合遗址的保护和加固工程，中国科学院古脊椎动物与古人类研究所对遗址核心部位——西剖面做了局部清理发掘，发现一批重要的新材料，并在遗址埋藏学研究和用火证据提取与分析诸方面取得新的进展和突破。
	周口店遗址的价值	周口店遗址发现于1918年，1921年试掘，1927年正式发掘，先后发现不同时期的各类化石和文化遗物地点27处。其中第一地点（猿人洞）共发现属于40多个个体的200余件古人类化石，10余万件石制品，上百种动物化石，及大量的用火遗迹。周口店遗址涵盖了直立人、早期智人和晚期智人三个古人类阶段，构成一个连续的古人类演化序列，堪称人类化石的宝库，在古人类遗址中绝无仅有，具有珍贵的科研价值。是展现生物进化和人类演化的经典地区，在古人类学、旧石器时代考古学、第四纪地质学和古生物学研究方面均享有重要地位。
	周口店遗址的现状与保护	1. 现存的问题 自然破坏、现存遗址点整体保护问题、遗址周边环境的影响、本体保护具有一定难度、保护资金问题。 2. 保护对策 基于文化遗产的保护，需要做好遗址保护的基础工作，开展遗址监测、化石地点调查、建立健全档案、加强对遗址本体及化石标本的保护与管理。

【评价】以小组为单位汇报交流本组活动情况，非汇报小组的学生边听汇报边做评价，小组汇报完后，参与听众提问（评价表如表3-11）。

表3-11　评价表

评价指标	优	良	合格
主题明确			
遗址资料搜集整理全面详实			
遗址调研报告能够突显学科主题特色			
遗址调研的问题与建议具有可操作性			
小组成员分工协作，协调能力突出			

【反思】以学生为中心的实地考察，尽管不在教室，但学生走进了遗址的大课堂，以学生家乡资源为背景，学生在小组协作的基础上，完成相应的学习任务，学习过程中学生的参与度高。学生带着问题驱动，进行深入持续的探索，调动各学科所独具的知识、能力、品质等创造性地解决问题，形成遗址调研报告中形成对核心知识和学习历程的深刻理解，在实践中增长智慧。

活动四　项目学业评价

布鲁姆曾将教学评价划分为诊断性评价、形成性评价以及终结性评价，三者分别对应教学的准备、过程和结果。项目式学习注重学生深层能力而非浅层知识的培养。这种能力应侧重于协作交流、批判性反思和知识创新。毋庸赘言，能力很难被直接测量和观察，因此有学者将其转化为学习流程中的表现性任务，以"提出问题—解决问题—总结呈现"为线索搭建学习行为分析框架，展开进一步考量。（如图3-5所示）这与高中历史新课标不谋而合。因为新课标明确要求学生"在解决学习问题的过程中理解历史，在说明自己对学习问题的看法中解释历史"。

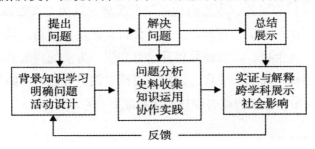

图3-5　项目式学习中行为分析框架

在整个学习过程中，教师、学生本人、小组同学和校外人员都可以对学生学习行为展开评价，基于以上项目式学习中行为分析框架和评价的主体的不同，特制定以下的项目式学习评价量规（如表3-12）对学生的项目学业进行评价。

表 3-12　项目式学习评价量规

评价项目	评价标准				得分
	4	3	2	1	
提出问题	能通过梳理研究现状，自主提出具有学术价值的问题	能通过梳理研究现状，在教师引导下提出具有学术价值的问题	能通过梳理研究现状，在教师引导下提出问题，但问题研究意义不大	不能提出明确的问题，或问题不具备可行性，无研究价值	
解决问题	能运用知识推进实践活动的开展与拓展，与历史亲历者或讲述者进行深度对话	能运用知识推进活动按照预案开展，与历史亲历者或讲述者进行简单对话	能运用知识推进活动按照预案开展，无法与历史亲历者或讲述者进行对话	在实践活动中无法合理有效地运用知识	
总结展示	能够有效应用多种跨学科知识，对学习成果进行深度展示	能够应用一门跨学科知识对学习成果进行深度展示	无法有效应用跨学科知识，能够对学习成果进行较为全面的展示	无法应用跨学科知识，也无法对学习成果进行全面展示	

（三）项目实施的效果与反思

1. 实施的效果

（1）涵养学生的家国情怀。调研龙乡"源文化"遗址项目式学习，学生从课堂的学习者变为课程的参与者、设计者，在实践过程中，对自己的家乡"人之源""城之源""都之源"的认识进一步升华，实现具身学习，激发他们想更深入探究家乡的历史文化、自然生态、科技发展等，从而实现"知家乡、爱家乡、赞家乡、建家乡"育人目标，涵养学生的家国情怀。

（2）提升学科核心素养。布鲁姆的认知层次理论认为（安德森，2006），人的认知过程有六个层次：记忆、理解、应用、分析、评价、创造。调研"源文化"的设计是以学生家乡为情境，一方面是提升已有知识、方法的理解和应用水平，另一方面学生搜集、整理、筛选、分析、评价、设计、创造等能力不断提升，进而提升学生的高阶认知水平以及实践能力等核心学科能力。

2. 实施的反思

改善学生学习方式方法。实践过程中体现出学生不知如何设计问题。其实反映出来的问题就是学生学习方式的问题，以往的教学都是教师提问由学生回答，学生习惯了依赖思考模式，以学生为中心的教学，应该让学生多思考问题、多提问题，养成主动思考提问模式。

（四）项目特色评析

乡土课程资源是贯穿整个中学课程必不可少的一部分学习内容，不同的时期、不同的区域有着不同的区域自然历史文化，因此需要教师在课程教学中因地制宜、因时制宜，指导学生学会开发、利用家乡的课程资源。通过调研龙乡"源文化"遗址，联系学习与生活，引导学生走出课堂，走出校园，积极参与社会实践活动，把知识运用于社会，提高实践创新能力，实现深度学习。

二、自然生态——以"规划家乡研学旅行的线路"为例

（一）项目的提出

1.研学旅行线路设计是一项复杂、繁琐的事情，中小学研学旅行的线路一般由教师设计或者旅行社提供。就学生发展核心素养的培育而言，学生参与研学线路设计比单纯参与研学活动更有利于其综合思维和实践能力的培养，更利于提升学生分析、评价、设计、创造等高阶思维能力及深度学习的发生。鉴于此，采用项目式学习规划家乡研学旅行的线路。

2.2016年，教育部等11个部门联合发布《关于推进中小学生研学旅行的意见》，《意见》正式提出将研学旅行纳入中小学教育教学计划中，鼓励各地区因地制宜地开展具有地域特色的研学旅行活动。为什么选取房山区的旅游资源作为研学资源呢？一方面，房山区旅游资源丰富多样，有世界文化遗产周口店北京猿人遗址、北京"城之源"西周燕都遗址、中国房山世界地质公园、国家级自然保护区百花山、中国四大名洞之一的石花洞等得天独厚的自然和人文资源使房山区成为开展研学旅行的理想场所。另一方面，房山区是学生的家乡，贴近学生生活，情境熟悉，易于学生对知识整合、迁移。依据地域特色建立的研学旅行课程，可以引导学生关注身边的事物，培养学生知家乡爱家乡的乡土情怀，发挥乡土课程资源的育人价值。

3.研学旅行线路设计与跨学科项目式学习。跨学科项目式学习是新课程改革提倡的落实素养的重要的学习方式。学生通过一定时长的小组合作学习，在项目任务解决过程中，调用、整合多门学科知识，打破学科之间的壁垒，从发展学生单一学科核心素养转变为发展学生综合素养。

4.研学旅行契合"读万卷书，行万里路"的教育理念，更能助力育人方式的改革。

研学旅行以学生的真实生活为基础，引导学生走出课堂，走出校园，积极参与社会实践活动，把知识运用于社会，服务人民，促进知行转化，强化社会责任感，提高实践创新能力。

（二）项目的设计与实施

1. 整体设计思路

规划家乡研学旅行的线路由校内学习和校外实践两部分组成，校内学习主要分为三个环节：筛选资源（地点）→ 挖掘内容 → 设计线路。以规划家乡研学旅行线路设计为主题，以学科课程标准、教材、家乡课程资源为内容，以"问题＋任务单"的形式和小组合作学习的方式，开展项目式学习。将房山区分散的研学地点涉及的自然资源和人文资源，包括自然景观、历史遗迹、宗教文化、民俗风情、传统文化等知识融合于特定主题之中，将零散的知识点进行整合构建成完整主题学习内容，使课程内容情境化，从而促进学生核心素养的落实。

在跨学科项目式学习中，知识的选取要依赖于项目情境，项目情境的选取又依赖于核心素养目标的设计。基于实际问题的解决，跨学科学习内容的选取可以是将同一学段不同学科原本交叉或不交叉的知识点进行整合，在实际教学中要依据教学目标有所取舍，突出主体学科的地位。地理学的区域性、综合性、实践性、生活性等特点决定了其在研学旅行中扮演着重要角色，并具有独特的优势。规划家乡研学旅行的线路，以地理学科为主，通过其他多门学科的介入，有效地解决问题，更好地达成学习目标。本项目涉及的学科课程标准内容如下（见表3-13）。

表3-13　本项目学科课程标准内容

项目名称：规划家乡研学旅行的路线				
学科	地理	历史	政治	信息技术
涉及的课标内容	1.4 描述野外观察或运用视频、图像，识别3～4种地貌，描述其景观主要特点。 1.3 结合实例，解释内力和外力对地表形态变化的影响，并说明人类活动与地表形态的关系。 5.1 描述旅游资源的分类和内涵。 5.2 举例说明某种旅游资源的成因和价值。 5.4 结合实例，评价旅游资源的开发条件。 5.8 结合实例，设计旅行出行的时间、线路以及景区内部线路。 5.9 举例说明自然地理条件与旅游安全的关系，以及对应的安全措施。	2.4 村落、城镇与居住环境。 3.6 文化的传承与保护。 2.2 文献史料研读。 2.3 实物史料研读。 2.7 数字资源的利用。	• 乐于探究，在学习与生活中遇到问题时能够想办法解决，提高动手能力。 • 了解家乡风景名胜、主要物产等有关知识，感受家乡的发展变化。	• 学会根据问题信息需求和信息来源，并选择适当的方法获取信息。 • 掌握网络信息检索的集中主要策略与技巧，能够合法地获取网上信息。 • 掌握网络信息能够利用现代信息交流渠道广泛开展合作，解决学习和生活中的问题。

2. 学习目标的确定

基于发展学生核心素养的跨学科项目式学习的要求，教师不仅要立足于学情，还要熟悉本学段学生学习的各科课标、教材资源、房山区的旅游资源等，合理安排项目学习的内容，在真实情境中落实核心素养。确定发展学生核心素养的路径为中国学生核心素养到学科素养，然后从项目任务解决，落实各学科的知识和基本思想方法。为此，本项目确定的学习目标，见表3-14。

表 3-14　本项目学习目标

学生发展核心素养	人文底蕴、科学精神、学会学习、责任担当、实践创新
学科素养	地理学科的核心素养：区域认知、综合思维、地理实践力、人地协调观。 历史学科的核心素养：唯物史观、时空观念、史料实证、历史解释和家国情怀。 政治学科的核心素养：政治认同、道德修养、法治观念、健全人格和责任意识。 信息技术学科的核心素养：信息意识、计算思维、数字化学习与创新和信息社会责任。
学习目标	（1）通过网络、书籍、实地考察、访谈等，全面理解房山区的研学资源的类型、特点、分布等，并学会筛选研学资源的方法，增进知家乡爱家乡的情感。 （2）通过自主选题、小组合作的方式，融合多学科知识，与同伴合作设计研学旅行的线路，并运用地图绘制出研学线路图及配上研学线路设计的说明。 （3）汇报和对比讨论设计的研学旅行的线路，并对设计的线路方案进行评估，形成博采众长的思维方式和"质疑"的能力。 （4）结合区域实际，整合研学资源，规划设计出一条或一系列有主题性、有系统性、有针对性、有特色的研学旅行的线路。

3. 项目实施过程

"规划家乡研学旅行的线路"分解成三个核心问题：第一，如何筛选研学资源；第二，如何挖掘研学内容；第三，如何设计研学旅行线路。通过"问题＋任务单"的设计以及小组合作学习的方式，开展项目学习。

活动一　如何筛选研学资源

【方法】筛选研学资源的方法（如图3-6所示）

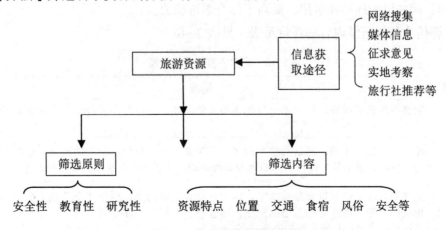

图 3-6　筛选研学资源的方法

学生通过网络、图书、报刊、旅行社、实地考察等收集房山区旅游资源信息的方式，学生学会收集资料和信息的途径。通过调查，了解房山区的旅游资源，并尝试分类（分类是认识事物的方法）。通过"问题＋任务单"的设计，促使学生深度思考并小组合作完成研学资源的筛选工作。

【评价】筛选研学资源的评价量表（见表 3-15）

表 3-15　研学资源的评价量表

等级	评价标准
水平 1	能说出研学与旅游的区别。能根据教师提示，对房山研学资源的信息进行简单查找和收集。
水平 2	能结合给定情境，从多元角度查找和收集房山的旅游资源信息，能简单筛选适合作为研学资源的旅游资源。
水平 3	能够结合现实复杂情境，通过多元渠道筛选研学资源，从安全性、研究性、教育性等角度对研学资源进行可行性评估。

【反思】筛选研学资源对于学生来说有一定难度，学生需要借助互联网、自身实践和相关资料等完成，也有学生未去过某些景点及不知如何使用互联网获取信息，但从结果来看，学生大部分都关注乡土资源特点、交通和安全等内容，对食宿和风俗考虑较少，这可能与学生以往的生活习惯和思维习惯有关。

活动二　如何挖掘研学内容

【方法】筛选出研学旅行的地点，挖掘与该处景点有关的学科知识，讨论与该处景点相关的研学活动内容

例如筛选出房山区石花洞，学生小组讨论此景点涉及的地理、政治、化学学科的知识。学生在任务单中写道：描述石花洞的景观特点、石花洞景观的欣赏方法、石花洞的成因、推测石花洞岩石类型、利用实验探究石花洞岩石成分、石花洞开发现状、如何保护石花洞等。这样不仅可以提升学生对新旧知识的联系与整合，实现跨时间、跨情境的迁移和运用，提高了综合思维能力。

【评价】挖掘研学内容的评价量表（见表 3-16）

表 3-16　研学内容的评价量表

等级	标准
水平 1	能够根据教师指导，提出 1 个与学科相关的问题，能参与小组合作一起探究设计研学任务。
水平 2	能够结合给定事物，通过观察和思考，提出 2～3 个与学科相关的问题，能够与他人合作使用信息工具，设计简单的地理实践活动。能表述自身想法，能主动与他人合作。
水平 3	能够结合现实区域以及复杂情境，通过仔细观察和思考，说出 4 个及以上更多与学科相关的问题，能够根据自己的想法，结合已有学科知识和学习需求，与他人一起合作设计具有教育性和研究性的研学任务。

【反思】通过挖掘研学内容，加深学生对课标和教材的理解，增进学生对当地自然、

人文状况的了解，提高整合教材知识和乡土基地资源的能力。通过交流活动，培养学生的小组合作能力、总结能力、表达力及认真倾听的好习惯。

活动三　如何设计研学旅行线路

房山的研学资源不仅类型丰富，而且数量居多，根据房山研学资源特点，可以开启人类文明之旅、地质观光之旅、红色文化之旅、佛教文化之旅等。

【方法】设计研学线路不是简简单单地将几个研学地点连接起来，需要学生综合考虑各种因素，其设计思路如图 3-7 所示。

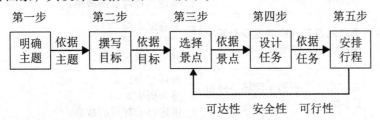

图 3-7　研学线路设计的流程

【展示交流】展示交流是检验项目成果的有效途径和重要方法，可引导学生选择适当的形式呈现项目成果，既可以满足学生的分享愿望，又能促进学生之间的相互学习，从而实现资源共享。

以小组为单位合作设计一条有主题、有特色的研学旅行线路，说明设计主题和推荐理由，并说说在设计线路时考虑哪些方面的内容。如：

小组一

表 3-17　品悟地质魅力　研学旅行线路

主题	品悟地质魅力	
景点	孤山寨大峡谷、七渡"背斜"、仙栖洞	
时间	行程安排	设计任务
7：30	从坨里中学出发 40 分钟以后到达孤山寨景区，停留 4 个小时。（午饭自行解决）	1. 进入景区沿途欣赏峡谷两岸风光，描述景观特点。 2. 探究"千年古河床"和"一线天"的成因。 3. 探究欣赏"小孤山""一线天""石中石"等景观的方法。
12：00	从孤山寨出发，大约 10 分钟到达七渡"背斜"，停留 1 小时。	1. 从形态、物质组成等角度描述景观特点。 2. 绘制七渡"背斜"示意图。 3. 探究七渡"背斜"的成因。
13：30	从七渡出发，大约 30 分钟到达"仙栖洞"，停留 3 个小时。	1. 欣赏地下岩溶景观，绘制 2～3 种岩溶景观示意图。 2. 探秘溶洞景观的形成原因。 3. 探讨溶洞的开发与保护措施。

小组二

表 3-18　红色文化之旅　研学旅行线路

主题	红色文化之旅	
景点	平西抗日战争纪念馆、没有共产党就没有新中国纪念馆、王家台烈士陵园	
时间	行程安排	设计任务
7：30 出发	第一站平西抗日战争纪念馆，停留 2 个小时，车程大约 1.5 个小时。	1. 绘制展馆地图，标示：方向、比例尺、图例。 2. 描述抗战历程，讲述抗战故事。 3. 描述照片背后的故事。
12：00 出发	第二站没有共产党就没有新中国纪念馆，停留 2 小时。	1. 参观纪念馆。 2. 一起唱红歌。 3. 感悟红歌的魅力。
13：30 出发	第三站王家台烈士陵园，停留 1 小时。	1. 缅怀烈士。 2. 感悟历史。 3. 讲述烈士背后的故事。

【评价】以小组为单位汇报交流本组活动情况，非汇报小组的学生边听汇报边做评价，小组汇报完后，参与听众提问。（评价表如表 3-19）

表 3-19　评价表

评价指标	优	良	合格
主题明确			
景点选择合理，能突显主题特色			
具体任务设计清晰，有一定研究性			
行程安排合理			
可达性强，安全性高、可行性好			

【反思】以学生为中心的研学旅行线路设计，看似有一定难度，但以学生家乡资源为背景，学生有了一定熟悉感、参与感、责任感和使命感，学习过程中学生的参与度高。学生带着问题驱动，进行深入持续的探索，调动所有的知识、能力、品质等创造性地解决问题，在公开成果中形成对核心知识和学习历程的深刻理解，在实践中增长智慧。

（三）项目实施的效果与反思

1. 实施的效果

（1）一定程度实现学生具身学习。在以往研学过程中，学生只需要拿着任务单跟着研学导师走，现在则需要学生全程参与，从前期的设计到后期的实践，以及对研学旅行线路的完善等，学生都处于中心地位。通过学生的表现，我们发现学生有自己的所思所想，设计的研学任务不仅涉及多个学科的内容，还能由表及里、由浅入深、系统地思考某类知识或某个地域的发展情况。整个设计让学生从研学旅行的聆听者、记录者，变为研学旅行的参与者、设计者，实现具身学习。项目活动结束之后与学生交流获知，学生普遍认为他们对家乡的了解程度加深了，原来习以为常的家乡蕴含这么多的学科知识，同时他们也想更深入探究家乡的自然生态、历史文化、科技发展等。

（2）有助于高级思维的培养。布鲁姆的认知层次理论认为（安德森，2006），人的认知过程有六个层次：记忆、理解、应用、分析、评价、创造。研学旅行线路的设计是以学生家乡为情境，一方面是提升已有知识、方法的理解和应用水平，另一方面学生搜集、整理、筛选、分析、评价、设计、创造等能力不断提升。通过研学方案的创造性设计，提升学生的高阶认知水平以及实践能力等核心学科能力。

2. 实施的反思

（1）改善学生学习方式方法。在挖掘研学内容时，学生遇到困难，尤其在现实生活中思考已学知识，学生无法做到理论联系实际，在设计具体研学内容时学生不知如何设计问题，在教师的逐步引导下，学生才顺利完成。其实反映出来的问题就是学生学习方式的问题，以往的教学都是教师提问学生回答，学生习惯了依赖思考模式，以学生为中心的教学，应该让学生多思考问题、多提问题，养成主动思考提问模式。

（2）注重学生综合思维能力。规划设计类问题，需要考虑的因素很多，需从不同的方面、层次、方式思考和解决问题。要规划家乡研学旅行的线路，就要调用家乡自然环境和人文环境组成的多个要素的相关知识，又要提炼出家乡最具特色的文化元素，并在它们之间建立关联。要规划家乡研学旅行的线路，还要从学校、家庭、社会等多方面考虑，学生完成项目过程就是不断提升综合思维能力的过程。

（四）项目特色评析

乡土课程资源是贯穿整个中学课程必不可少的一部分学习内容，不同的时期、不同的区域有着不同的区域自然历史文化，因此需要教师在课程教学中因地制宜、因时制宜，指导学生学会开发、利用家乡的课程资源。通过规划家乡研学旅行线路的设计与实施，联系学习与生活，引导学生走出课堂，走出校园，积极参与社会实践活动，把知识运用于社会，提高实践创新能力，实现深度学习。

1. 明确学习目标任务。设计符合学生最近发展区的学习任务，而且让每位学生都有具体的任务分工，在设计研学线路前明确学生需要做什么，怎么去完成，激发学生主动探索问题的动机，并沿着明确的学习目标主动开展探究活动。

2. 全程性评价与反馈。对照评价内容标准，让学生明确学习的目标和要求，学生明确自己知识的掌握情况和综合能力水平。在学习过程中展现出来的探究实践等进行评估，能更好地提升探究活动的质量，能促进学生核心素养的形成。形成性评价，符合新课改倡导的"立足过程，促进发展"评价理念。

3.厘清问题解决路径。对于设计研学线路中探究的问题，注重引导学生在思考和探究问题的过程中不断优化学习方法，掌握解决问题的方法和路径，并逐渐形成大胆假设、小心求证的科学思维。

4.实践成果促进育人。选取学生设计好的典型线路，进行研学旅行的实践，在实践过程中不断完善研学线路的设计。学生参与研学旅行的兴趣更高了，能更大程度地发挥研学旅行的育人价值。

三、风土人情——以"为房山非遗保护建言献策"为例

（一）项目的提出

1."为房山非遗保护建言献策"是指通过口头或文章对房山非遗保护提出有益的意见和主张，是一项关注房山区非物质文化遗产保护与传承的有益举措。本案例关联多学科知识与能力，学生通过扮演非遗保护者的社会角色，调查、观察、探究、交流、展示、分享等方式参与非遗保护，有利于学生的高阶思维能力和深度学习的发生。鉴于此，采用项目式学习"为房山非遗保护建言献策"。

2.2021年8月，中办国办印发《关于进一步加强非物质文化遗产保护工作的意见》将非物质文化遗产融入国民教育体系。《意见》提出在中小学开设非物质文化遗产特色课程，鼓励建设国家级非物质文化遗产代表性项目特色中小学传承基地。2005年以来，随着国家非物质文化遗产保护工程的启动，按照《国务院办公厅关于加强我国非物质文化遗产保护工作的意见国办发〔2005〕18号》和《北京市人民政府办公厅关于加强本市非物质文化遗产保护工作的意见（京政办发〔2006〕1号）》，房山区非物质文化遗产的普查、名录申报、重点项目抢救保护工作全面展开。依据本地非遗特色建立的项目主题课程，可以引导学生关注身边事物，培养学生知家乡爱家乡的乡土情怀，发挥乡土课程资源的育人价值。

3.项目式学习是从高阶思维层次入手，以挑战性任务激励学生学习，激发学生理性思考与深度学习。"为房山非遗保护建言献策"从房山非物质文化遗产保护与传承的真实问题出发，让学生扮演非遗保护者的公民角色，通过调查、观察、探究、交流、展示、分享等方式，运用学科的基本概念和原理，借助多种资源，在一定的时间内解决一系列相互关联的问题。

（二）项目的设计与实施

1.整体设计思路

"为房山非遗保护建言献策"是一个彰显社会责任同时又指向跨学科核心知识

的项目式学习，由提出问题（入项活动）、分析问题（任务分解）和解决问题（形成成果）三部分组成。即：以"为房山非遗保护建言献策"为目标，把需要解决的问题分解为一系列相互联系的任务，以便小组间相互合作，并有效组织和利用相关资源，从而达成"为房山非遗保护建言献策"的目标。

2. 学习目标的确定

本案例是基于发展学生核心素养的跨学科项目式学习，旨在培养学生的公民意识、解决问题能力和团队协作能力等，内容覆盖历史、政治、语文、地理等多个学科。要求教师不仅要立足学情，还要熟悉本学段学生学习的各科课标、教材资源、区域非遗文化资源等，合理安排项目学习的内容，在真实情境中落实核心素养。在项目任务的解决中，落实各学科的核心知识、核心概念与关键能力，达成学习目标（见表3-20）。

表 3-20　基于落实核心知识、核心概念与关键能力的学习目标

项目目标学科	核心知识	核心概念	关键能力	学习目标
语文	社会调查、分析与撰写调查报告，阐释见解的能力	理解非物质文化遗产与人类文明多元化的关系，理解非物质文化遗产与文化自信的关系	文化的传承与创新	1. 学生通过查阅资料、参观考察，搜集整理房山非物质文化遗产相关资料，了解"非物质文化遗产"的内涵和人文价值。2. 学生通过小组合作调查、走访、体验，形成沟通、协作能力。通过调研、比较、分析房山非物质文化遗产保护与传承的问题，探究解决策略，提升发现问题、解决问题的能力。3. 学生通过对房山非物质文化遗产保护与传承有效策略的探究，加深对新时代非遗赓续文化传统，引领文化思潮，修复文化生态，坚定文化自信的价值理解，增强文化认同与文化自信，提升人文素养。
历史	从唯物史观、时空观念、家国情怀等维度探究房山非物质文化遗产的历史价值			
地理	从地理学科角度阐释房山文化的形成、发展与地理环境的关系			
政治	参与调查、采访，形成并提升价值体认和社会参与能力			
音乐	通过对房山民间艺术的实践体验、审美感知，获得文化理解和文化自信			
美术	通过参与非物质文化遗产社会调查和体验，提升艺术素养和审美判断能力，加深对家乡非物质文化遗产的理解			
信息技术	充分运用现代信息技术参与非物质文化遗产社会调查，充分发挥信息技术革命对房山非物质文化遗产传承与创新的作用			
综合实践活动	学生能从小组合作、社会调查中获得实践经验，形成并逐步提升对社会与自我的内在联系的整体认识，逐渐形成价值体认、责任担当、问题解决、创意物化等意识和能力			

3. 项目实施过程

本案例由提出问题（入项活动）、分析问题（任务分解）、解决问题（形成成果）三部分构成。学生在各个问题情景下通过迭代方式反复提问、解答、评估，进而提出新问题，用形成的经验解决问题的方式，开展项目式学习。

（1）入项活动

入项准备：

观看视频，从一度沸沸扬扬的中韩端午节"申遗"之争以韩国的胜利而告终，引发思考。

查阅中国非物质文化遗产网，了解联合国教科文组织积极推动世界各国保护和传承非物质文化遗产的目的，我国被列入联合国教科文组织非物质文化遗产名录（名册）的项目有哪些？房山区有多少项名列其中？

驱动性问题：

非物质文化遗产是我国悠久的历史长河中各族人民世代相承、息息相关的传统文化重要表现形式，承载着民族精神与人类文明，对于传承中华文脉、全面提升人民群众文化素养、维护国家文化安全、增强国家文化软实力、推进国家治理体系和治理能力现代化，具有重要意义和不可替代的文化价值。房山区是坐拥世界级、国家级、市级和区级非物质文化遗产的大区，承担着非遗保护与传承的重要使命。

在非遗的保护与传承中，如何做到既延续历史文脉，又适应时代需求？作为新时代公民，请你为房山非遗保护与传承建言献策。

【反思】以"中韩端午节申遗之争"情景导入之后，如果以"韩国为什么要申遗""联合国教科文组织为什么积极推动世界各国保护和传承非物质文化遗产"等问题作为引领，启发学生自己提出问题，信息量将会更大。因为项目的选择和发展只是一个载体，关键在于背后的核心知识，对于项目的关注和选择会让学生更好地理解核心知识。

（2）任务分解

第一阶段：探究房山非遗的内涵与价值。

学生通过房山区文化活动中心官网，了解房山非物质文化遗产的概况。通过书籍和网络搜索，比较非物质文化遗产和物质文化遗产的不同。形成一份非遗项目的内涵与价值的研究简报。

第二阶段：探究房山非遗保护与传承的策略。

观看视频展播、参观房山非物质文化遗产（档案）馆等体验非遗的文化魅力。组建学习小组对共同感兴趣的非遗项目进行探究，设计房山非遗有效保护与传承调查走访方案。

第三阶段：根据"房山非遗有效保护与传承"方案，进行走访调研。

拜访非遗传承人或地方政府相关部门，走访文化创意产业从业者，开展社区访谈（调查问卷）等，将调查走访结果汇总、分析、整理，撰写关于房山非遗有效保护与传承的调研报告。

【反思】任务分解过程其实就是项目方案的研制过程，从挖掘房山非遗的内涵与价值入手厘清概念，通过共同兴趣和能力组建学习小组，以学习小组为单位设计访谈提纲和调查问卷，撰写"房山非遗有效保护与传承的调查走访"方案，任务的持续推进有利于学生调查、观察、探究、交流、团队建设等能力的提升和深度学习的发生。

（3）问题解决

问题解决由五个阶段组成，分别由任务、目标、方式和成果构成（见表3-21）。

表 3-21　问题解决任务单

项目	任务	目标	方式	成果
第一阶段：探究房山非遗的内涵与价值	1. 学生通过房山区文化活动中心官网，了解房山非物质文化遗产的概况。 2. 通过书籍和网络调查，比较非物质文化遗产和物质文化遗产的不同。	厘清非物质文化遗产概念，探究房山非物质文化遗产的内涵与价值。	查阅文献、比较分析	形成一份非遗项目的内涵与价值的研究简报。
第二阶段：研制房山非遗保护与传承的调研方案	1. 观看视频展播：了解非遗的创造、生产、表演等"活"的文化事实。 2. 参观房山非物质文化遗产（档案）馆，参与房山区非物质文化遗产活动，体验非遗的文化魅力，记录体验的内容与感受。 3. 组建学习小组，对共同感兴趣的非遗项目进行探究。向社区居民和全校师生作问卷调研，分析汇总数据。 4. 召开研讨交流会，各组分享参观感受与调查数据，将研讨要点记录下来。	研讨并分析非遗保护与传承的问题，探究非遗保护与传承的路径。	参观体验、社会调查、分享交流、归纳整理	各组通过思维碰撞，各自设计"房山非遗有效保护与传承"方案。
第三阶段：根据方案，展开调研	1. 拜访非遗传承人或地方政府相关部门，走访文化创意产业从业者，开展社区访谈（调查问卷）等，将调查走访结果汇总、整理。	获取非遗有效保护与传承的第一手材料。	访谈、分析、归纳	撰写关于房山非遗有效保护与传承的调研报告。
第四阶段：修订成果	邀请当地非遗专家和文化创意产业专业人员对各组调研报告作评价、指导。根据修改建议，完善调研报告。	修订成果	分享、交流、整理	形成调研报告初稿
第五阶段：公开成果	1. 汇报：学生两人一组整理个人成果和成果，制作PPT，汇报《房山非遗保护与传承的有效策略——×项目调研报告》。 2. 记录：记录他人意见和观点。	公开成果	分享、交流、整理	《房山非遗保护与传承的有效策略——×项目调研报告》

【反思】问题解决的过程就是项目方案的实施过程，实际操作中应根据实际情况做动态调整。至此，探究已转化为贯穿项目式学习始终的学习实践，师生也因此

更加清晰地认识到探究的含义。本案例问题解决的过程中不仅包含探究，也包含审美性实践、社会性实践等多种实践。

（三）项目实施的效果与反思

1.实施的效果

（1）基本符合项目式学习的标准。"为房山非遗保护建言献策"是一个需要解决真问题、具有一定挑战难度的项目。案例给予了学生参与提问、寻找资源和应用信息的持续探究过程，全程考虑到学生对项目做出的决定，包括他们的学习方式和最终产品。因此，学生和老师在探究中涉及项目活动的效率、学生工作的品质、遇到的障碍，以及如何克服等方面都起了主导作用。

（2）有助于高级思维的培养。"为房山非遗保护建言献策"调整了学习目标，从高阶思维层次入手以挑战性任务激励学生学习，能激发学生理性思考与深度学习。如：驱动型问题的提出，是从中韩端午节"申遗"之争以韩国的胜利而告终，而非物质文化遗产在传承中华文脉、全面提升人民群众文化素养、维护国家文化安全、增强国家文化软实力等方面的重要意义和不可替代的文化价值入手引发思考，提出"在非遗的保护与传承中，如何做到既延续历史文脉，又适应时代需求？作为新时代公民，请你为房山非遗保护与传承建言献策。"

2.实施的反思

（1）开发实施项目式学习应考虑学情。在对学生的学习状态进行课堂观察时发现，相当一部分学生有被动学习的心态和不良学习习惯。他们只关注正确答案和最终结果，很少思考知识间的联系与应用，这正是学生学习素养缺失的体现。怎样将素养转化为实现这些知识的学习实践，将原来的"过程与方法、情感态度价值观"维度具体化、可操作化？项目式学习可以在如何设计激发学生主动投入的驱动性问题、如何解决知识系统和项目式学习的知识情景性之间的关系、如何分组、怎样激发学生的个体责任等方面进行探索。

（2）跨学科项目式学习呼唤国家课程和校本课程的有机整合。跨学科项目式学习学科间是有机整合的，不同学科之间是通过问题、概念、成果联系在一起，使学生能够对正在学习的主题产生新的、更深入的、更有说服力或更细致的理解。跨学科项目式学习一方面需要学科间的整合作用，另一方面又需要有对学科作本质性的理解。因此，跨学科项目式学习比学科项目式学习对教师和学校挑战更大，涉及学校课程形态重构。因此，跨学科项目式学习要求对国家课程和校本课程进行有机整合。

（四）项目特色评析

非物质文化遗产作为中华传统文化的重要组成部分，是中华民族文明体系的定力和凝聚力。新时代的非物质文化遗产担当着赓续文化传统，引领文化思潮，修复文化生态，坚定文化自信的文化使命。本项目整合语文、历史、政治等学科概念，关联多学科知识与能力，始终关注非物质文化遗产的有效保护与传承。学生在小组合作调查、走访、体验中获取信息，在调研、比较、分析中发现问题、解决问题，在对房山非物质文化遗产保护与传承有效策略的探索中，加深对新时代非遗文化价值的理解，增强文化认同与文化自信，最终达成延续历史文脉、适应时代需求的非遗保护与传承策略。

1. 立足学情，关注获得。"为房山非遗保护建言献策"是一个有意义且需要解决的真实问题。案例给予了学生参与提问、寻找资源和应用信息的持续探究过程，全程考虑到学生对项目做出的决定，包括他们的学习方式和最终产品。本案例学生和老师在探究中涉及项目活动的效率、学生工作的品质、遇到的障碍以及如何克服它们等方面都起了主导作用。

2. 立足过程，促进发展。对照评价内容标准，让学生明确学习的目标和要求，学生明确自己知识的掌握情况和综合能力水平。在学习过程中展现出来的探究实践等进行评估，能更好地提升探究活动的质量，能促进学生核心素养的形成。形成性评价，符合新课改倡导的"立足过程，促进发展"评价理念。

3. 立足实践，指向高阶。从房山非物质文化遗产保护与传承的现状问题出发，让学生扮演非遗保护者的公民角色，通过调查、观察、探究、交流、展示、分享等方式，运用学科的基本概念和原理，借助多种资源，在一定的时间内解决一系列相互关联的问题。学生通过对房山非物质文化遗产保护与传承有效策略的探究，会加深对新时代非遗赓续文化传统，引领文化思潮，修复文化生态，坚定文化自信的价值理解，增强文化认同与文化自信，提升人文素养。

四、风土人情——以"预测房山科技未来发展项目"为例

（一）项目的提出

移动支付、电子商务、共享单车等互联网领域的创新成果已经成为中国新的技术名片，被网民归入"新四大发明"。新技术新应用层出不穷、各领风骚，让世界各国看到了中国互联网发展的创新成果，点亮了百姓智慧新生活。神威·太湖之光超级计算机、北斗卫星导航系统、量子计算通讯技术等代表了中国在高精尖技术上取得的最新突破，中国在网络信息领域正展现出前所未有的创新自信。天猫无人超市运用了"行为轨迹分析""情绪识别""眼球追踪"等技术，在消费者、商品和店

铺之间产生了丰富且个性化的互动。

高中信息技术学科核心素养由信息意识、计算思维、数字化学习与创新、信息社会责任四个核心要素组成。它们是高中学生在接受信息技术教育过程中逐步形成的信息技术知识与技能、过程与方法、情感态度与价值观的综合表现。四个核心要素互相支持，互相渗透，共同促进学生信息素养的提升。

学科核心素养是学科育人价值的集中体现，是学生通过学科学习而逐步形成的正确价值观、必备品格和关键能力。通用技术学科核心素养主要包括技术意识、工程思维、创新设计、图样表达、物化能力五个方面。培养学生对技术现象及技术问题的感知与体悟，能就某一技术领域对人、社会、环境的影响作出一定的理性分析，形成技术的安全和责任意识、生态文明与环保意识、技术伦理与道德意识；能把握技术的基本性质，理解技术与人类文明的有机联系，形成对技术文化的理解与主动适应。能运用系统分析的方法，针对某一具体技术领域的问题进行要素分析、整体规划，并运用模拟和简易建模等方法进行设计。学生能在发现与明确问题的基础上，收集相关信息，并运用人机关系及相关理论进行综合分析，提出符合设计原则且具有一定创造性的构思方案。

（二）项目的设计与实施

1.整体设计思路

房山作为科技金融创新转型示范区，区域预备重点打造一处科技园区，现面向社会征集科技园区发展规划建议书，创造一种真实的学习情境，赋予学生一种社会身份：科技设计师，激发学生的积极参与度，以及面对社会复杂问题的挑战欲。在这个设计的情境中，学生在解决问题的过程中，需要把科技发展与社会和生活的相互关系进行整体的考量与分析，历经不通的学习方式和手段来完成项目。在设计完园区规划图之后，要把这份规划图赋予社会价值，需要以一份房山科技园区发展规划建议书的形式呈现，规划图是项目成果的一个关键部分，建设书是需要把图以及背后的设计理念进行文字输出与表达，说明每处规划可展览与生产的未来科技产品以及园区如此规划的设计理念。帮助园区规划走向未来的指向赋予学生一种社会责任感与使命感，让学生的学习产生现实意义，使学生感受到学习的成就感与幸福感。

2.解决问题的路径、方法、策略等

方法与策略：

①采用小组合作，通过信息查询、专业人士问询、实地调研走访等方式获取材料与信息。了解房山目前科技园区布局，并绘制成沙盘模型。随后系统分析房山区科技发展可能性的资源条件等，形成房山区科技发展的未来走势与方向分析报告。

②通过过程性产品与活动，持续性评价监控和调节学习过程。

活动一 科技园区绘制活动

搜集信息－园区布局调研－手绘园区布局图

汇总信息－系统分析－形成分析报告

活动二 开展未来科技产品辩论会

辩论点：未来科技产品的可行性

活动三 召开分析报告展示会

邀请教师、学生、家长以及科技园区工作人员参与，展示科技园区规划图，演讲汇报科技园区规划。

（三）项目实施的效果与反思

1. 实施的效果

（1）有助于高级思维的培养与发展

采用房山的科技园区资源，使课程内容与学生经验、社会生活紧密联系，培养运用系统分析的方法，针对某一具体技术领域的问题进行要素分析、整体规划，并运用模拟和简易建模等方法进行设计，培养工程思维，提高了学生在真实情境中综合运用知识解决问题的能力。加强课程与技术生产、社会实践的结合，充分发挥实践的独特育人功能。

（2）培养了学生的核心素养

在这个项目设计的情境中，学生在解决问题的过程中，需要把科技发展与社会和生活的相互关系进行整体的考量与分析，历经不同的学习方式和手段来完成项目，提高了学生面临真实的复杂的社会情境中发现问题、分析问题以及解决问题的能力。在设计完园区规划图之后，要把这份规划图赋予社会价值，需要以一份房山科技园区发展规划建议书的形式呈现，培养了学生对技术现象及技术问题的感知与体悟，能就某一技术领域对人、社会、环境的影响作出一定的理性分析，形成技术的安全和责任意识、生态文明与环保意识、技术伦理与道德意识。

2. 实施的反思

在项目实施的过程，需要教师及时的跟进与指导，教师作为指导者的身份需要充分发挥。教师要综合考虑学生已有的经验和能力、学校课时的安排情况、教师自身经验和对项目式学习的驾驭能力，设计合理的学习支架帮助学生跨越核心知识，了解每个小组的进展状况以及学生们的学习需求，合理地协调组内任务，并借助信息技术工具引导学生协作完成任务。教师要对学生问题解决过程中需要用到的数学方法和数学知识给予必要的支持，能够给学生提供解决问题的建议，这种建议最好是多样化的，并且可以为不同水平的学生提供帮助、提供启发。教师还要充当摄像师的角色，记录好学生过程性的表现，为过程性评价收集资料。

在这个项目设计与完成的过程中，需要团队成员的精诚合作，以小组为单位制订一系列的计划和方案，包括采取的问题具象、实践活动、时间规划、责任分工、探究方法等，形成自己学习小组解决问题的计划和方案。每个小组成员发挥到相应的价值，完成自己的工作任务，才能把搜集到的信息发挥合力，提高小组合作的效率。

（四）项目特色评析

1. 项目产品具有现实意义

项目作品设计之初就与最初的学习目标相匹配，从学习目标来倒推本次项目活动的最终作品与阶段性作品的形式。项目的最终作品可以是规划书、多媒体演示、学校范围内的演讲与展览。为了保证最终作品的质量，学生还设计了阶段性作品，比如作品草稿、产品原型、访谈计划书、大事记、实地调查指南、项目进展小结等，也有利于学习过程的监测与评价。

2. 反思、批判和修订

项目进行过程中，师生都始终保持用"第三只眼"去考察项目探究的方方面面，逐渐让反思成为无时无刻不存在的课堂文化。反思载体有项目札记、形成性评价、阶段性讨论等。反思的内容既有对学科知识理解和运用的反思，也有对设计的解决方案的反思，还包括项目分工合作中的合理沟通、自我管理规划等21世纪技能运用情况的反思。

在学生进行分享与展示的环节，除了介绍成果的结果形态，还鼓励学生展现自己的思考历程，以及不同思路的比较。教师给予有针对性的回应，包括积极的肯定和建议性的意见，并且组织学生之间相互点评。让学生在过程中学会如何给予和接受同伴的建设性反馈，并对自己的项目作品与教师的教学实践进行不断的修订与改进。

参考文献

[1] 莎莉·伯曼.多元智能与项目学习——活动设计指导 [M].夏惠贤，译.北京：新华出版社，2004.

[2] 马克汉姆.PBL 项目学习——项目设计及辅导指南 [M].董艳，译.北京：光明日报出版社，2015.

[3] 约翰·R.梅根多勒，张毅.项目式学习：小学篇 [M].胡静，译.北京：光明日报出版社，2019.

[4] 巴克教育研究所.项目学习教师指南——21 世纪的中学教学法 [M].北京：北京教育科学出版社，2007.

[5] 鲍伯·伦兹.变革学校：项目式学习、表现型评价和共同核心标准 [M].周文叶，盛慧晓，译.长沙：湖南教育出版社，2020.

[6] 夏雪梅.项目化学习设计：学习素养视角下的国际与本土实践 [M].北京：教育科学出版社，2018.

[7] 伯曼，夏惠贤.多元智能与项目学习 [M]..北京：中国轻工业出版社，2004.

[8] 牛学文.浙江省学科教学关键问题研究丛书·初中历史与社会 [M].杭州：浙江教育出版社，2021.

[9] 威金斯，麦克泰.重理解的课程设计 [M].北京：心理出版社，2017.

[10] 李文辉.基于核心素养的跨学科学习 [M].重庆：西南大学出版社，2022.

[11] 夏雪梅.项目化学习设计：学习素养视角下的国际与本土实践 [M].北京：教育科学出版社，2021.

[12] 张悦颖，夏雪梅.跨学科的项目化学习："4+1" 课程实践手册 [M].北京：教育科学出版社，2021.

[13] 郭冬红.普通高中学科课程乡土资源的开发与利用（政史地）[M].长春：吉林大学出版社，2021.

[14] 阿卡西娅·M·沃伦.跨学科项目式教学：通过 "+1" 教学法进行计划、管理和评估 [M].孙明玉，刘白玉，译.北京：中国青年出版社，2021.

[15] 中华人民共和国教育部.普通高中语文课程标准（2017 年版 2020 年修订）[S].北京：人民教育出版社，2020：36.

[16] 中华人民共和国教育部.普通高中化学课程标准（2017 年版 2020 年修订）[S].北京：人民教育出版社，2020：47.

[17] 中华人民共和国教育部.普通高中历史课程标准（2017 年版 2020 年修订）[S].北京：人民教育出版社，2020：63.

[18] 刘景福，钟志贤.基于项目的学习（PBL）模式研究 [J].外国教育研究，2002（11）：18-20.

[19] 胡舟涛.英语项目式教学的探索与实践 [J].教育探索，2008（02）：70-71.

[20] 李玉霞，田科.国内项目学习现状与发展刍议 [J].江西教育，2013（11）：9-10.

[21] 胡红杏.项目式学习：培养学生核心素养的课堂教学活动 [J].兰州大学学报（社会科版），2017，45（06）：165-172.

[22] 卢小花.项目式学习的特征与实施路径 [J].教育理论与实践，2020，40（08）：59-61.

[23] 李雁冰."科学、技术、工程与数学"教育运动的本质反思与实践问题——对话加拿大英属哥伦比亚大学 Nashon 教授 [J].全球教育展望，2014，43（11）：3-8.

[24] 夏惠贤.多元智力理论与项目学习 [J].全球教育展望，2002，31（09）：20-26.

[25] 张文兰，张思琦，林君芬，吴琼，陈淑兰.网络环境下基于课程重构理念的项目式学习设计与实践研究 [J].电化教育研究，2016，37（02）：38-45.

[26] 侯肖，胡久华.在常规课堂教学中实施项目式学习——以化学教学为例 [J].教育学报，2016，12（04）：39-44.

[27] 王超.中小学创客教育的项目式学习活动设计探究 [J].教学与管理，2020（06）：110-112.

[28] 王淑娟.美国中小学项目式学习：问题、改进与借鉴 [J].基础教育课程，2019（1）：5-6.

[29] 郭华.项目学习的教育学意义 [J].教育科学研究，2018（2）：12-13.

[30] 马宁，赵若辰，张舒然.项目式学习：背景、类型与核心环节 [J].中小学数字化教学，2018（1）：9-10.

[31] 刘景福，钟志贤，基于项目的学习（PBL）模式研究 [J].外国教育研究，2002（1）：21-23.

[32] 吕良栋.中学历史学科项目化学习主题选择策略 [J].中学历史教学.2022（1）：19-21.

[33] 林崇德.中国学生发展核心素养研究 [J].心理与行为研究，2017，15（2）：145-154.

[34] 余明华，张治，祝智庭.基于学生画像的项目式学习评价指标体系研究 [J].电化教育研究，2021，42（3）：89-95.

[35] 叶霜霜.小学教师开展项目式学习现状研究 [D].上海：上海师范大学，2022.